60대를
위한 논어

60-DAI NO RONGO JINSEI O YUTAKA NI SURU 100 NO KOTOBA
by SAITO Takashi
Copyright © 2021 SAITO Takashi All rights reserved.
Originally published in Japan by SHODENSHA PUBLISHING CO., LTD.,
Tokyo.
Korean translation rights arranged with SHODENSHA PUBLISHING CO.,
LTD., Japan
through THE SAKAI AGENCY and ENTERS KOREA CO., LTD.

60대를 위한 논어

두 번째 인생을
준비하는 지혜의 말 100가지

사이토 다카시 지음
김윤경 옮김

타인의사유

《논어》의 가르침을 통해 인생을 재구축한다

예순 살의 고개를 넘을 무렵이 되면 그동안 보았던 것과는 다른 풍경이 보이기 시작한다. 지금까지는 급격히 경사진 산길을 무턱대고 올라왔다면, 이제는 올라가야 할 길이 돌연 없어진 듯 느껴진달까. 누군가는 새로 나타난 완만한 길이 어색하고 당황스러울지도 모른다. 하지만 시각을 바꿔 바라보면, 이는 삶의 방식을 전환하거나 잠시 멈춰 서서 조정하기에 딱 알맞은 시기라는 뜻이기도 하다.

'이제 앞으로 어떻게 살아갈까?' 문득 그런 생각이 들면서 멈춰 서게 됐을 때, 나는 《논어》를 읽어 보기를 권한다. 공자의 말을 통해 지금까지의 인생을 뒤돌아보면 분명 새로운 인생의 여정이 보일 것이다.

가령 '조문도 석사가의'라는 유명한 말이 있다. 아침에 진리를 깨달을 수 있다면 그날 저녁에 죽어도 여한이 없다는 뜻이다. 이는 군자, 즉 덕이 높고 훌륭한 인물이 되기 위해 인격을 성숙시켜 가는 일 자체를 삶의 즐거움으로 삼는 것을 의미한다. 약간 추상적으로 느껴질지도 모르지만, 향상심을 가지고 있으면 교양을 쌓는 일이 즐거워지고, 젊은 세대를 이끌거나 새로운 것을 배우는 일에 보람을 느낄 수 있다. 그런 게 풍요로운 삶이라는 것을, 예순 살 정도가 되면 저절로 깨닫게 된다.

《논어》에는 60대이기에 비로소 이해할 수 있는 말이 풍부하게 수록되어 있다. 필시 공자 자신이 나이가 들면서 자연스럽게 깨달은 삶의 이치를 제자들에게 전했기 때문일 것이다. 그런 의미에서 제자의 입장에서 가르침을 받기보다는 공자에게 자신을 포개어 비춰 보면서 《논어》를 읽는 것도 색다른 감흥이 있는 좋은 방법이다. 이 책에서는 그런 관점에서 은근하고 깊은 정취가 우러나오는 글귀를 골라 소개한다.

그리고 《논어》를 접하는 또 한 가지 방법으로써, 책을 읽는 독자들이 자식과 손주 세대에 《논어》를 전하는 이야기

꾼 같은 존재가 되었으면 좋겠다. 일찍이 《논어》는 조부모가 손주에게 들려주는 경우가 많았다. 이론물리학자인 유카와 히데키가 쓴 자서전에도 할아버지에게 《논어》를 배우는 장면이 나온다. 부모 세대보다는 시간적으로나 정신적으로나 더 여유가 있는 편이니 안성맞춤이 아닐까. 예순을 넘긴 지금부터는 공자의 말을 통해 단단한 인생을 재구축하고, 그와 동시에 차세대에게 《논어》의 정신을 전해 주는 역할을 하나의 사명으로 여겨도 좋을 것이다.

60대는 확실히 50대 때와는 마음 상태가 다르다는 것을 느낀다. '환갑'은 육십갑자를 다 지내고 다시 태어난 해의 '간지'로 되돌아온다는 뜻이다. '인생을 한 바퀴 돌았구나' 하고 생각하면서 어깨의 힘을 빼 보도록 하자. 생각하는 내용 자체에 커다란 변화는 없어도 정신적인 여유가 생긴다. 소위 말하는 '정신의 여백'이다. 수묵화에서 여백이 중요하듯이, 인생에서도 모든 것을 빽빽하게 그려 넣지 않아도 좋다는 여백의 감각이 필요하다. 그런 의미에서 《논어》의 명언은 과다한 정보로 넘쳐 나는 시대에 정신의 여백을 가져다줄 것이다.

사이토 다카시

차례

2장 흔들리지 않고 중심을 잡기 위한 가르침

3장 존경받는 어른이 되기 위한 가르침

4장 세대를 넘어 세상과 소통하기 위한 가르침

5장 행복한 군자가 되기 위해 알아야 할 가르침

1장

굳은 머리와 마음을 부드럽게 하는 가르침

마음을 젊게 하는 배움의 힘

학이편 8장

君子不重則不威 學則不固
군 자 부 중 즉 불 위 학 즉 불 고

군자는 진중하지 않으면 위엄이 없고, 배워야 고루하지 않게 된다.

◆ 마음을 부드럽게 하기 위해 배운다

무엇을 위해 배우는가. 가장 기본이 되는 것은 경제적인 목적으로 배우는 것이다. 젊을 때는 배움의 목적을 지식이 느는 게 즐거워서, 그리고 일과 생활에 유용하다는 데서 찾기도 하지만, 예순 살이 지나면 배움의 목적을 달리 생각할 필요가 있다. 여러 가지가 있겠으나 그중 내가 강조하고 싶은 것은 마음을 부드럽게 하기 위해서 배워야 한다는 것이다.

◆ 해가 갈수록 몸과 마음이 굳는다

60세 전후가 되면 대부분의 사람이 '몸이 굳어졌구나!' 하고 느끼게 된다. 몸이 굳어지는 것은 자각하기 쉽다. 잠자고 있는 아기의 발을 가볍게 흔들어 주면 목까지 또르르르 흔들린다. 그런데 나이가 들수록 차츰 이런 흔들림이 없어지게 되고, 60대, 70대가 되면 뻣뻣하기가 이를 데 없다. 문제는 몸과 달리 마음이 딱딱하게 굳어 가는 현상은 자각하기가 어렵다는 점이다.

◆ 바꿀 필요가 없다는 태도를 버릴 것

지금까지 많은 것을 배우고 겪어 온 중장년층은 자신의

경험이 일종의 자신감이 되어, 자신을 '바꿀 필요가 없다'는 완고함이나 고루함으로 자리 잡는 경우가 많다. 예를 들어 음악을 취미로 갖는 경우, 기호나 센스가 30대 정도에서 굳어져 옛날에 듣던 곡만 계속 듣는다. 그러한 일 자체가 잘못된 것은 아니지만, 새로운 곡을 들어 보는 게 귀찮아지거나 듣기도 전에 별로라고 배척해 버리는 건 문제가 아닐 수 없다. 그 결과 자신을 딱딱한 껍질 속에 가둬 놓게 된다.

'아, 내가 너무 굳어져 있구나!' 하고 느낀다면 기분 전환 삼아 과거에 쌓아 올린 것을 한번 털어내 보자. 그다음 새로운 마음으로 허심탄회하게 배우려고 할 때, 순수하고 부드러운 마음을 되찾을 수 있다. 60대부터의 독서는 유연해지기 위해서라고 생각해야 한다. 독서의 영역 또한 마음껏 넓혀 볼 일이다. 그런 독서는 '마음을 젊게 하는 배움'이기도 하다.

인생 후반의 목표는 무엇인가

학이편 14장

君子食無求飽 居無求安 敏於事而愼於言
군 자 식 무 구 포 거 무 구 안 민 어 사 이 신 어 언

就有道而正焉 可謂好學也已
취 유 도 이 정 언 가 위 호 학 야 이

군자는 먹는 데 탐욕을 부리지 않고 사는 곳에 집착하지 않는다. 일을 신속히 해내고 말을 가려서 한다. 또한 도가 있는 사람을 따르며 자신을 비로집는다. 이런 사람을 두고서야 배우기를 좋아한다고 말할 수 있다.

◆ 목표는 군자와 같은 마음가짐

공자가 말하는 '군자상'을 추구하는 일은 60대 이후의 인생에서 하나의 목표로 두기에 적합하다. 60세 정도가 되면 생계를 위한 일이 어느 정도 일단락되어 치열한 경쟁 속에서 부대끼는 경우가 적어지고, 가정에서도 자녀 양육이 끝나가 생활이 좀 더 안정되기 때문이다. "인생 후반의 목표는 뭔가요?"라는 질문을 받았을 때 "군자의 마음으로 살아가고 싶습니다" 하고 대답할 수 있다면 꽤 멋지지 않은가.

◆ 균형 잡힌 인격을 추구한다

공자는 군자의 조건으로 중용의 덕을 이야기한 바 있다. 중용이란 극단적으로 치우치지 않고 균형을 이루는 일이다. 경험치가 높은 60대라면 자신의 감각으로 그 균형 지점을 알 수 있다. 가령 식사나 음주의 경우, '이렇게 마시다간 건강을 해치겠지. 그렇다고 너무 절제하면 욕구 불만으로 짜증이 날 거야. 딱 좋은 건 이 정도지' 하는 지점을 스스로 찾아낼 줄 안다. 일과 가정에서도 자신뿐만이 아니라 주위 사람이 모두 기분 좋게 지낼 수 있도록 조절하는 게 가능하다.

욕심은 있지만 젊을 때만큼은 아니며 비교적 안정된 상태에서 균형을 유지하며 행동한다. 그런 일을 무리 없이 할 수 있게 되면, 공자가 말하는 군자상에 조금씩 가까워진다. 일선에서 물러났을 때 비로소 보이는 풍경이 있다. 그 안에서 공자처럼 균형 잡힌 인격을 추구해 보자.

◆ 자신의 행동을 작품화해 나간다

이때 공자는 '배움을 좋아한다'라는 표현을 썼다. '올바른 길을 따라 실천하는 것이 학문'이라는 뜻이다. 이는 책을 읽거나 스승의 이야기를 듣기만 하는 게 아니라, 그로써 얻은 지식을 살려 자신의 행동으로 드러내는 일을 포함한다. 그래서 공자는 제자인 안회가 물질적인 욕심을 버리고 오로지 자신을 다스리는 데 배움의 가치를 둔 자세를 높이 평가했다.

학문이 추구하는 것은 삶 자체를 훌륭한 작품으로 만들어 가는 일이다. 배움의 성과를 행동으로 옮길 수 있는 것이 바로 60대의 논어이다.

남의 말에
귀 기울이는 연습

위정편 4장

吾十有五而志于學 三十而立
오 십 유 오 이 지 우 학   삼 십 이 립

四十而不惑 五十而知天命
사 십 이 불 혹   오 십 이 지 천 명

六十而耳順 七十而從心所欲 不踰矩
육 십 이 이 순   칠 십 이 종 심 소 욕   불 유 구

나는 열다섯 살에 학문에 뜻을 두었고 서른 살에 자립했다. 마흔 살이 되어서는 흔들리지 않게 되었고 쉰 살에 하늘의 뜻을 알았다. 예순 살에 남이 하는 말을 순순히 들을 수 있게 되었으며 일흔 살에는 마음 가는 대로 자유롭게 좇아도 올바른 길을 벗어나지 않게 되었다.

◆ '듣기'를 중요하게 여겨 실천한다

매우 유명한 말인데, '쉰 살에 하늘의 뜻을 알았다'는 구절까지밖에 모르는 사람이 의외로 많은 것 같다. 하지만 예순 살을 넘은 사람에게는 '듣기'가 가장 중요하다.

◆ 남의 말에 귀 기울이는 시간을 갖는다

나이가 들면서 외고집이 되는 사람이 많다. 사람들이 현재의 자신에게 자신감을 갖고 있다는 반증인지 아니면 반대로 자신감이 없기 때문인지는 몰라도, 확실히 젊을 때보다 남의 말을 잘 듣지 않는다.

그런 면에서 공자가 '예순 살이 되어 남의 말을 순순히 듣게 되었다'고 표현한 것은 과연 감탄할 만한 일이다. 나는 이 말이 '예순 살이 되면 외고집이 되기 쉬우므로, 남의 말에 귀를 기울여야 한다. 나이가 들수록 순순한 마음을 되찾는 것이 멋있는 삶이다'라는 메시지를 담고 있다고 생각한다.

희한하게도 남의 말을 들으려고 노력하면 굳게 닫혀 있던 마음의 문이 저절로 열린다. 그러면 배움의 창도 자연히 열리게 된다. 게다가 다른 사람의 말에 귀를 기울이면 마음이 편안해진다. 상대의 말에 웃어 보이며 "맞아, 맞아" 하고 수긍하는 연습은 큰 효과가 있다.

◆ 젊은 층이 좋아하는 세계로 들어가 본다

책을 읽을 때도 마찬가지다. 자신이 좋아하는 작가의 책밖에 읽지 않는다면, 그 순간 자신의 세계가 닫히고 만다. 때로는 젊은 층에 인기가 있는 소설가의 작품을 읽어본다거나, 지금까지 읽은 적이 없는 장르의 작품에 도전해 보는 것도 좋다. 예를 들어 나는 '해외 미스터리 연간 베스트 10'에 든 책을 '귀를 기울여' 읽고 있다.

이때 '난 이런 거 싫은데' 혹은 '나한테는 안 맞는 것 같아' 하는 부정적인 마음으로 대해선 안 된다. 그 작가가 그리는 세계를 충분히 맛보지도 않고서 섣불리 '역시 재미없어' 하고 미리 선을 긋게 될 가능성이 크기 때문이다. 그러지 말고 '즐겨 보자' 하는 마음을 가져 볼 일이다. 그러면 마음이 열리게 되어 다른 맛을 음미할 수 있다. 그렇게 편안해진 감각을 배움의 센서로 삼으면 지금까지 알지 못했던 장르나 작가의 책에도 마음이 동하게 된다.

같은 세대 친구들이 모여 노래방에 갈 경우도 마찬가지다. 대부분 '그때 좋았지!' 하며 젊었을 때 즐겨 부르던 히트곡만 부를 것이다. 그것도 즐거운 일이지만 가끔은 젊은 세대가 좋아하는 노래를 귀담아들어 보자. 그렇게 듣다 보면 분명 '이 노래 좋은데?' 하는 곡이 있을 것이고, 그 노래를 자신의 레퍼토리에 추가하면 신선한 즐거움을 맛볼 수 있다. 나도 그런 식으로 해서 좋아하게 된 요즘 노래들이 꽤 있다. '역시 새로운 노래도 들어 봐야 해!' 하고 다시금 생각했다.

예순 살이 지나면 즐거움을 느낄 수 있는 일을 늘리는 것이 중요하다. 독서나 노래방 같은 오락 분야에서도 귀를 기울이는 감각을 소중히 여기자.

◆ 적당한 정도를 알게 되는 70대

덧붙여서 일흔 살에 '마음 가는 대로 자유롭게 좇아도 올바른 길을 벗어나지 않게 되었다'라는 구절에 대해 생각해 보자.

한번은 기타노 다케시(일본을 대표하는 예능인의 거물이자 영화감독 겸 배우-역주) 씨와 함께 텔레비전 방송에 함께 출연한 적이 있다. 그는 굉장히 위태로운 발언을 서슴지 않았는데, 생방송이라 아차 하면 실수하기 쉬운 환경인데도 적정선을 벗어나지 않는 걸 보고 감탄한 기억이 있다. 해도 좋은 말과 안 될 말의 아슬아슬한 경계선에서 자연스럽고 재미있게 이야기를 풀어냈는데, 내가 보기엔 이런 사례도 '올바른 길을 벗어나지 않는' 일이다. 지금까지의 경험을 통해 여러 가지 적당한 수준과 경계를 알게 되어, 마음 가는 대로 해도 도덕이나 규율에서 벗어나지 않는 것이다. 다케시 씨가 60대 중반에 이미 올바른 길을 벗어나지 않는 경지에 도달했듯이, 나 또한 자유롭게 행동해도 미움받지 않는 경쾌한 70대를 목표로 하고 있다.

추구의 영역에 들어선
삶의 방식

이인편 8장

朝聞道 夕死可矣
조 문 도 석 사 가 의

아침에 참된 이치를 깨달으면 당장 죽어도 여한이 없다.

◆ 추구의 영역으로 들어간다

아마도 공자는 살아 있는 한, 도를 추구하는 마음을 깊이 지니는 것이 얼마나 중요한가를 말하고 싶었던 것 같다. 바꿔 말하면, 인생의 목표는 도를 추구하는 데 있다는 뜻이다.

◆ 인생의 행복은 무언가를 추구하는 데 있다

아리스토텔레스는 《니코마코스 윤리학》에서 선善을 끝없이 추구하는 일이 행복한 삶이라고 강조했다. 이는 공자의 말과 거의 같은 의미라고 할 수 있다. 2500년 전, 우연히도 동서양에서 서로 같은 삶의 방식이 일종의 행복론으로써 제시된 것이다.

예나 지금이나 사람들은 욕망을 충족하는 데서 행복감을 찾아내려고 한다. 하지만 아리스토텔레스와 공자는 '그렇지 않다. 무언가를 추구해 나가는 데 진정한 기쁨이 있다'라고 설파했다.

◆ 추구하는 의지가 수명을 연장시킨다?

영국의 코미디언이자 영화감독 찰리 채플린은 "당신의 최고 걸작은 무엇인가요?" 하는 질문을 받으면 항상 "다

음 작품"이라고 대답했다고 한다. 희극왕이라고 불릴 정
도로 위대한 영화감독인데도 항상 더 좋은 작품을 추구했
던 것이다. 이처럼 추구의 영역으로 들어간 사람은 싫증
내지 않고 한 가지 일을 계속해 나간다. 그런 식으로 아무
리 해도 끝이 없다고 말할 수 있는 영역을 만들어 둔다면,
좀 더 행복한 날들을 보낼 수 있다.

개인적으로는 고전이나 예술 세계에 깊이 발을 들이기
를 제안하고 싶다. 예를 들어 '누구누구의 작품을 읽어 보
고 싶다'거나 '누구누구의 그림을 보러 가고 싶다' 하는
식으로 깊이 있는 만남을 추구해 보는 것이다. 기왕이면
'이 책을 읽으면, 이 그림을 보게 된다면 언제 죽어도 좋
다'고 느낄 정도의 간절한 마음으로 시도해 보자.

아직 만나 보지 못한 수많은 것들을 두고 '더, 조금 더'
하고 소망하는 동안, 어쩌면 오래 살고자 하는 의지가 충
만해질지도 모른다. 예를 들어 장수를 누린 비평가 요시
다 히데카즈는 프랑스 화가 폴 세잔의 여러 작품을 실제
로 보는 것을 삶의 보람으로 여겼다고 한다. 무언가를 추
구하는 사람은 비교적 장수할 확률도 높다.

고전에는
강인한 힘이 있다

술이편 1장

述而不作 信而好古 竊比於我老彭
술 이 부 작　신 이 호 고　절 비 어 아 노 팽

나는 옛 성인의 말씀을 전할 뿐 창작은 하지 않는다. 옛 성인을 믿고 고전을 소중히 여기는 것이니, 남몰래 나를 노팽에 견주어 본다.

※ 노팽은 은나라 때의 유명한 현자.

◆ 자신이 존경할 수 있는 선인을 찾는다

공자는 제자들과 문답을 나누다가 그 자리에서 훌륭한 말을 수없이 만들어 냈다. '지나친 것은 미치지 못한 것과 같다'라든가 '먼 장래의 일을 미리 생각하지 않으면 머지 않아 걱정거리가 생기는 법이다'라는 말 등이 일본에서는 속담으로 자리 잡았을 정도다.

이조차도 공자는 "아니, 내가 만든 것이 아니다. 예로부터 내려온 가르침이다" 하고 말할지도 모르겠다. 공자 같은 인물이 창작하지 않는다고 단언했다는 게 흥미롭지 않은가.

◆ 고전에는 강인한 힘이 있다

서양으로 눈을 돌리면, 독일의 시인 괴테가 공자와 비슷한 말을 했다. 당시 유럽은 낭만주의 시대로 들어서서 개성과 독자성을 주장하는 표현이 주목받고 있었다. 그런데 괴테는 "그런 건 사소하고 별것 아닌 일이다"라고 하면서 "더욱 크고 본질적인 것, 강건한 것은 고대에 있다. 나는 예술에서도 낭만주의와 같은 병약한 가치보다 고대에서 비롯된 가치를 좋아한다"라고 말했다. 괴테는 필시 자신들이 창조하는 것은 과거의 조합에 불과하다고 생각했던 것이리라. 그 점을 깨닫고 보면 선인들과 우리를 연결하는 선이 생긴다. 고전을 배우는 의미를 알게 되는 것이다.

이때 추천하고 싶은 방법이 있다. 자신이 좋아한 것들의 정신적인 계보를 종이에 써 보는 일이다. 어린 시절로 거슬러 올라가, 접한 적 있는 고전이나 역사상의 인물 중에서 자신에게 영향을 미쳤거나 흥미를 불러일으킨 것, 왠지 좋아하는 감정이 생긴 대상을 쭉 적어 보자. 가령 '중국 고전이라면 단연코 《삼국지》지, 그림은 왠지 고흐에게 끌리는걸. 음악은 누가 뭐래도 모차르트야' 이런 식으로 떠올리면서 적어 보는 것이다.

어쩌면 '세 명 정도밖에 떠오르질 않아' 하고 자신의 정신 계보가 의외로 얄팍하다는 데 생각이 미칠지도 모른다. 그래도 상관없다. 앞으로 다시금 고전을 읽고 자신의 마음에 울림이 오는 책이나 인물을 발견하면 된다. 공자에게도 존경하는 선인이 있었듯이 자신이 존경할 수 있는 선인을 찾아보자. 그것이 60대부터의 배움이다.

{6}

마음의 불안정을
정신으로 다스린다

술이편 6장

志於道 據於德 依於仁 游於藝
지 어 도 거 어 덕 의 어 인 유 어 예

올바른 도道에 뜻을 두고, 몸에 익힌 덕德을 지키며, 사욕 없는 인仁의 마음에 따라 예藝에서 노닌다.

※ 예藝는 '예법禮·음악樂·활쏘기射·말타기御·서예書·수학數'의 육예를 일컫는 말로, 오늘날의 교양 및 운동, 예술을 통칭한다.

60대를 위한 논어

◆ 흔들리고 어지러운 마음을 바로잡다

공자답게 무척 옹골차고 예리한 말이다. 살아가다 보면 아무래도 마음이 흔들리거나 답답해지거나 흐트러질 때가 있다. 옛 선인은 그러한 마음의 번뇌를 도에 뜻을 둔 정신으로 지탱해 왔다. 마음의 불안정을 정신으로 다스리기, 이것이야말로 예로부터 내려오는 삶의 지혜이다.

◆ 초로기의 우울을 물리치는 법

정신이 지향하는 신념은 기분에 따라 매일 달라지는 것이 아니다. 마음 상태나 그때그때의 기분과는 관계없이, 항상 흔들림 없이 그 자리에 존재한다. 덕택에 부정적인 방향으로 흔들리려는 마음을 고정시키고 안정을 찾을 수 있는 것이다.

한동안 중장년층의 우울증 문제가 심각했던 적이 있다. 일선에서 은퇴한 후 삶의 보람을 잃는다거나 자녀들이 독립해 집을 떠나고 나자 상실감에 사로잡히는 등, 나이에서 오는 다양한 변화로 인해 우울증을 겪는 사람은 여전히 많다.

그 원인 중 하나는 마음을 지탱해 주는 정신이 약하기 때문이다. 반면 《논어》를 읽으면서 정신력을 단단히 길러

온 사람은 초로기에도 흔들림이 적기 마련이다.

◆ 명확한 목표를 발견한다

《논어》에는 초로기를 맞이했을 때 '드디어 인격을 갈고 닦을 때가 왔다' 하는 생각을 강하게 갖게 만드는 효과가 있다. '나는 덕이 있는 인물이 되겠어. 사람들에게 자상하고 관용을 베푸는 인의 마음을 지닌 사람이 되어야지. 그리고 교양을 즐기자' 하는 생각이 그 상징적인 예다. 이러한 마음가짐을 지니면 은퇴 후의 생활을 충분히 즐기려는 정신이 유지되면서, 예순 살 이후의 삶을 보다 여유롭게 보낼 수 있다.

경제적인 불안, 노후에 대한 불안, 그리고 죽음에 대한 불안 등 여러 가지 불안감이 슬금슬금 다가오는 시기가 바로 60대다. 이러한 시기이기에 더욱 이 구절을 명확히 새기고, 《논어》의 정신을 마음의 버팀목으로 삼으면 좋을 것이다.

{7}

생각은
얼마나 유익한가

위령공편 30장

吾嘗終日不食 終夜不寢 以思
오 상 종 일 불 식 종 야 불 침 이 사

無益 不如學也
무 익 불 여 학 야

나는 일찍이 하루 종일 먹지도 않고 밤새 잠도 자지 않고
서 계속 생각에 골몰했었지만, 유익함이 없었다. 그 어떤
것도 배우는 것만 같지 못하다.

◆ 하루를 유익하게 보내고 마무리한다

이런저런 생각에 빠져 있다가 '아, 만족스럽고 즐거운 시간을 보냈구나!' 하고 생각하는 일은 거의 없다. 공자 같은 현인조차 "먹지도 마시지도 않고 하루 종일 생각했지만 아무런 쓸모가 없었다"라고 말하고 있으니, 과연 '생각한다'는 것이 유익한지 아닌지 큰 의문이 남는다.

◆ 생각하는 것 자체는 나쁘지 않지만…

물론 이 말이 아예 생각하지 말라는 뜻은 아니다. 생각하는 것이 효과적일 때도 있다. 페르마의 정리와 같은 수학 공식을 증명하거나 생산적인 생각을 할 일이 있다면 그건 다른 이야기다. 반면 우리가 일상생활을 할 때는 같은 생각이 맴돌고 있을 뿐, 아무것도 진전되지 않는 경우가 많다. 그러니 망설여지는 일이 있다면 혼자 생각에 빠져 있지 말고 바로 전문가와 상담하도록 하자.

나이가 들수록 다른 사람에게 상담하는 일이 영 내키지 않거나 부끄럽게 여기는 마음이 커지기 쉽지만, 무엇보다 문제를 해결하는 것이 중요하다. 외고집으로 어떻게든 혼자서 고민하려 하지 말고 당장 상담할 사람을 찾아가는 것이 정신 건강상으로도 좋다.

◆ 무언가를 배우면 어쨌거나 이득이다

기분이 울적한 상태가 되면 멍하니 생각하는 시간이 많아진다. 60대 이후에는 해야 할 일이 줄어들기 마련인데, 그 영향도 크다. 나 역시도 연휴가 길거나 할 때는 그와 비슷한 상태가 된다. 최악의 경우에는 몸의 건강 상태마저 나빠진다. 그만큼 마냥 한가하다는 것은 사람의 심신에 부정적인 영향을 주기 쉽다.

그래서 나는 빈 시간이 생기면 강연을 들으러 가거나 텔레비전 교양 프로그램을 보거나 책을 읽거나 하면서 무언가 유익한 일을 한다. '오늘은 이걸 배웠으니 잘했다, 만족하자!' 하면서 마음을 추스른다. 아무런 이득 없는 생각으로 치닫는 마음을, 교양을 즐기는 쪽으로 맞춰 가는 것이다.

60대인 독자들에게도 이 방법을 적극 권하고 싶다. '오늘은 이런 새로운 것을 배웠으니까 수지를 따지면 이득'이라고 생각한다면, 하루를 플러스 상태로 끝낼 수 있다. 멍하니 결론도 없는 생각에 빠져 있기보다는 새로운 지식을 습득해서 만족스러운 시간을 보내는 것이 훨씬 유익하고 기분도 좋다.

8

앎의 네 가지 단계

生而知之者上也 學而知之者次也
생 이 지 지 자 상 야   학 이 지 지 자 차 야

困而學之又其次也 困而不學 民斯爲下矣
곤 이 학 지 우 기 차 야   곤 이 불 학   민 사 위 하 의

태어나면서 아는 사람이 최상이며 그다음은 배워서 이해
하는 사람이다. 곤경에 부딪혀서야 마침내 배우는 사람은
그다음이며, 그래도 배우지 않는 사람은 최하이다.

◆ 최상위의 앎을 추구한다

'알고 있는' 수준을 네 단계로 나눴다는 점이 흥미롭다. 그중에서 최상위 단계는 태어나면서부터 아는 것이라고 하는데, 이는 구체적으로 어떤 의미일까?

◆ 공자는 박식하지 않다?

원래 공자는 스스로 많은 것을 안다고 말하지 않았다. 그러한 의지는 다음 말에서도 잘 드러난다. '오소야천 고다능비사吾少也賤 故多能鄙事'로, 해석하자면 '나는 젊은 시절 미천했기에 잡다한 일들을 할 줄 알게 되었다'는 뜻이다. 이는 네 단계 가운데서 두 번째 혹은 세 번째에 해당한다.

또한 공자는 박식하다는 것을 자랑삼아 내세우지도 않았다. '오도일이관지吾道一以貫之(나의 길은 하나로 꿰뚫려 있다)'라는 말이 있는데, 많은 것을 알고 있다기보다는 하나의 도리로 일관되게 행동하는 데 중점을 두고 있다.

이런 맥락에서 '태어나면서부터 안다'는 것은 두 가지로 이해할 수 있다. 하나는 상상력이 풍부하다는 뜻이다. 또 하나는 '어느 정도 세상의 이치를 아는 나이가 되면 자신이 실제로 경험하지 않은 일도 알 수 있게 된다'는 뜻으로 이해할 수 있다.

독일의 문호 괴테는 "나는 일일이 경험하지 않아도 어릴 때부터 많은 걸 알고 있었다"라고 했는데, 이는 반드시 작가에만 국한되지 않는다. 인간의 이해력은 자신의 경험에 더해 상상력을 발휘함으로써 더 넓고 깊어지기 마련이다. 경험이 풍부해질수록 상상할 수 있는 일이 늘어나는 것은 두말할 필요도 없다. 경험치가 늘어나는 예순 살 이후에는 가능하면 이 최고 수준의 지知를 목표로 삼아야 할 것이다.

◆ 배워서 알려고 하는 자세가 중요하다

공자가 2단계로 설정한 것은 '알지 못하므로 배워서 알려고' 하는 자세이다. 이때 필요한 것은 적극적으로 정보를 수집하는 일이다. 예를 들어 나는 학계에 틀어박혀 있기에 회사 조직에 관해서는 이해되지 않는 일이 많다. 하지만 그에 대해서 알고 싶어서 피터 드러커가 쓴 조직 관리 책을 읽거나 기업 관련 다큐멘터리를 보고 회사원인 친구 이야기를 귀담아들으며 적극적으로 정보를 끌어모은다. 그렇게 하면 '아하, 조직이란 이런 식으로 돌아가는구나' 하고 이해할 수 있게 된다.

이런 식의 전형적인 사례로 전문 작가를 꼽을 수 있다.

예를 들어 과학 전문 작가의 경우, 과학자 출신이 아닌 문필가 출신이면서도 과학자를 인터뷰하거나 자료를 공부해서 난해한 과학에 관해 굉장히 이해하기 쉬운 글을 쓰는 사람이 있다. 전문가가 아니더라도 알고자 하는 마음이 있으면 배워서 그것을 아는 일이 가능하다는 의미다.

◆ 곤경에 부딪히기 전에 배운다

3단계의 예를 들자면, 해외 발령이 나고 나서야 부랴부랴 영어를 배우는 식으로 '곤경에 부딪혀야 비로소 배우는' 자세이다. 이는 어찌 보면 당연한 일이기에, 만약 곤경에 부딪혀서도 배우지 않는다면 최하 수준이라고 말할 수밖에 없다. 우리가 명심해야 할 수준은 최소한 2단계이므로, 곤경에 부딪히기 전에 유비무환 차원에서 미리 배우는 자세를 갖춰야 한다.

예순에 이른 지금, 가령 불안한 마음이 자꾸 들어 앞으로 남은 4분의 1의 인생을 잘 살아내지 못할 것 같으면, 여러 종교를 공부해 두는 것도 추천한다. 나의 경우엔 가마쿠라 시대 승려인 신란의 저서를 집중적으로 읽었는데, '더 이상 버틸 수 없을 정도로 힘들 때는 나무아미타불을 읊어야지' 하고 마음의 준비를 하고 있다. 신앙으로 믿는 종교는 아니더라도, 여러 가지 종교를 배워 알아두면 마음이 한결 안정된다. 종교를 교양으로써 공부해 두는 것도 좋은 방법이다.

9

자연에게서 배운다

子曰 予欲無言
자 왈 여 욕 무 언

子貢曰 子如不言 則小子何述焉
자 공 왈 자 여 불 언 즉 소 자 하 술 언

子曰 天何言哉 四時行焉 百物生焉
자 왈 천 하 언 재 사 시 행 언 백 물 생 언

天何言哉
천 하 언 재

공자가 "나는 이제 말하지 않으려 한다" 하고 말하자, 자공
이 "스승님께서 아무 말씀도 하지 않으시면 저희 제자들
은 무슨 말을 전하면 좋겠습니까?" 하고 물었다.
공자는 대답했다. "하늘이 무슨 말을 하더냐. 말하지 않아
도 사계절이 순행하고 만물이 생겨난다. 하늘이 무슨 말을
하더냐."

◆ 자연의 섭리를 접하다

공자는 결코 말을 아끼는 사람이 아니다. 그런데도 '이제 말로 전하지 않으려 한다'라고 한 까닭은 제자들이 너무 자신의 말에만 의지한다고 느껴서일 것이다. 자연이 돌아가는 이치를 보며 스스로 깨달음을 얻기를 바라는 마음에서 나온 말일 텐데, 그만큼 자연이 가르쳐 주는 생명의 섭리를 아는 것은 60대에게 중요하다.

◆ 생태계의 살아가려는 의지

최근 30년 동안, 중년의 나이에 자살하는 사람이 부쩍 늘었다. 이런저런 다양한 이유 때문에 마음이 우울한 상태가 된 것이겠지만, '어쩌면 생각에 너무 깊이 빠졌던 게 아닐까?' 하고 추측하지 않을 수 없다. 실제로 자살까지는 가지 않더라도 죽고 싶다고 생각해 본 적이 있는 사람은 상당수에 이른다. 그러한 충동이 스쳐 갈 때는 특히나 공자가 말한 자연의 섭리로 눈을 돌리면 좋지 않을까 싶다.

TV에서는 동식물의 생태를 소개하는 프로그램이 자주 방영된다. 한 번은 그런 방송 프로그램에서 17년 동안이나 땅속에서 보내다가 지상에서 몇 주를 사는 매미 이야기를 다룬 적이 있다. 그 몇 주 이내에 어떻게든 상대를 찾아 교미하고 수정, 산란한 뒤에 일생을 마친다. 인간이 볼 때는 너무 가혹한 환경인데도 필사적으로 살아가고 있는 모습을 보고 있으면, 모든 생물에게는 꿋꿋이 살아가려는 의지가 있음을 다시 한번 느끼게 된다.

◆ 자연과 어우러져 살아간다

마음이 외곬으로 깊어지고 너무 심각하게 생각하다 보면 정작 생명의 근본에 있는 것을 보지 못할 수도 있다. 그렇게 되지 않도록 등산이나 하이킹 등 자연을 접할 수 있는 여행에 나서 보는 것도 좋은 배움이 될 것이다.

옛날 사람들은 아침 해를 향해 두 손 모아 절을 하거나 자연의 섭리에 감사하는 등 자연과 어우러져 살아왔다. 그것은 인간이 인간으로서 올곧게 살아가는 데 필요한 일이었기 때문이다. 60대 이후의 배움 항목에 '자연'을 추가해 보면 어떨까.

감정적인 마음은
예로 다스린다

옹야편 25장

君子博學於文 約之以禮
군 자 박 학 어 문 약 지 이 례

亦可以弗畔矣夫
역 가 이 불 반 의 부

군자는 널리 글을 읽고 예로써 자신을 다스린다. 그렇게
하면 도에서 벗어나는 일은 없다.

◆ 겉으로 드러나는 행동을 다스리고 마음을 가다듬는다

공자는 유난히도 예를 지켜야 한다는 말을 강조했다. 예는 오랜 세월 동안 길러진 행동 유형으로, 그에 따르는 것이 도에서 벗어나지 않는 가장 좋은 방법이기 때문이다. 그렇다면 우리는 과연 예의를 지키며 살고 있을까.

◆ 50권을 목표로 고전을 읽는다

그전에 널리 글을 읽으라고 했으니 이에 대해 먼저 살펴보자. 다양한 고전을 벗 삼아 교양을 넓혀 나가는 방식이 60대에는 바람직하다. 중국 고전, 그리스 고전, 종교 관련 고전 등 여러 사상과 사고관을 받아들여 자신의 내면에 '교양의 숲'을 만들어 가는 것이다. 그것이 바로 이상적인 군자의 모습이라고 할 수 있다. 목표로는 50권 정도가 좋지 않을까. 한 가지 사고에 얽매이지 말고 다양한 사고방식을 배우고 익히면 그것만으로도 정신적인 면에서 균형을 잡을 수 있다.

◆ 예로써 안정되고 평온한 마음을 얻는다

그렇게 글에서 얻은 지식과 지혜를 생활에 활용해 나갈 때, 감정적으로 행동할 수 있는 부분을 예로 다잡는다니,

무척 재미있는 표현이 아닐 수 없다.

주위를 둘러보면 예순 살 전후부터 '툭하면 화를 내는 사람'과 '차분하고 온화한 사람', 이 두 가지 유형으로 나뉜다. 쉽게 화를 내는 노인이 되고 싶은 사람은 아무도 없을 것이다. 이때 중요한 것이 바로 예를 갖추는 일이다. 예로 자신의 행동을 다스리고자 유의하면, 겉으로 드러나는 행동을 다잡음으로써 마음을 안정시킬 수 있고, 덕택에 쓸데없이 화를 내거나 욱하고 발끈하는 일이 적어진다.

가령 지하철에서 "요즘 애들은 예의가 없어" 하는 말들을 자주 하는데, 현실에서는 의외로 그렇지도 않다. 오히려 고령자들이 상식을 벗어나 억지를 쓰는 경우가 적지 않아 보인다. 연장자에게 주의를 주는 사람은 별로 없기 때문에 점점 더 거리낌 없이 함부로 행동하는지도 모른다.

나이가 들수록 예의로써 자신을 삼가고 다스리지 않으면 마음이 흐트러질 위험이 있다. 소위 '폭주 노인(2000년대 중반 일본 사회에 노인 범죄가 폭증하며 만들어진 신조어-역주)'을 그 예로 들 수 있다. 상당히 보기도 흉하고 나이에 걸맞은 행동이 아니니, 노년기로 접어드는 60대가 되면 다시금 진지하게 예와 마주해야 한다.

유도나 태권도 같은 경기를 보면 그야말로 예로 시작해 예로 끝난다. 승리 포즈를 만끽하고 싶은 이긴 선수와 발을 구르며 분노하고 싶은 패배한 선수 모두 반듯하게 정좌를 하고 예를 보임으로써 마음을 가다듬는다.

  예란 그런 것이다. 60대에 마음을 다스리는 방법으로써 반드시 필요하다.

2장

흔들리지 않고
중심을 잡기 위한 가르침

11

싫증 내지 않고
꾸준히 하려면

默而識之 學而不厭 誨人不倦 何有於我哉
묵 이 지 지　학 이 불 염　회 인 불 권　하 유 어 아 재

중요한 일을 묵묵히 마음에 새겨 기억한다. 계속해서 배우고 싫증 내지 않는다. 다른 사람을 가르치기를 지루해하지 않는다. 이런 일들이 나에게 무슨 문제가 되겠는가.

◆ 좋은 습관을 들인다

어떤 일을 싫증 내지 않고 할 수 있으려면 생활 속에 습관으로써 녹아들어 있어야 한다. 공자는 매일 밥을 먹듯이 배우고 가르쳤다. '공부해야만 해' 하고 의식하지 않았을뿐더러 '오늘은 가르치기 싫은걸' 하고 귀찮아하지도 않았다. 배움과 가르침이 살아가기 위한 자연스러운 행동으로 자리 잡은 것이다.

◆ 지적 향상심이 활력을 가져온다

'이 일을 하고 있으면 질리지가 않아'라고 할 만한 대상을 가지고 있는가. 아인슈타인은 열세 살 때 모차르트의 소나타를 알게 된 이래 바이올린이 그의 생활에 없어서는 안 될 취미가 되었다고 한다. 어딜 가더라도 손에서 놓는 법이 없었으며 1922년에 일본을 방문했을 때는 닛폰유센(일본의 대표적인 해운회사 중 하나-역주)의 배 안에서 바이올린을 연주했다고 한다. 아인슈타인도 역시 공자와 마찬가지로 '연습하자'는 의식을 할 필요 없이, 싫증 내지 않고 매일 바이올린을 켰을 것이다. 이런 식으로 취미나 오락을 넘어서서 무언가를 배우는 일이 자연스럽게 생활 습관으로 자리 잡으면, 그런 지적 향상심이 하루하루의 활력이 된다. 60대라면 반드시 교양 분야에서 습관적으로 몰두할 수 있는 무언가를 찾길 바란다.

◆ 매일 신문을 읽는 습관

60대 중에는 신문 읽기가 습관화되어 있는 사람이 많다. 예전에는 신문이 없으면 아침이 시작되지 않을 정도여서 휴일에는 "신문이 왜 아직도 안 오는 거야?" 하고 찾아다니기도 했다.

조간과 석간을 한 세트로 보면 거의 신간 한 권에 가까운 글자 수에 이른다. 사회의 모든 면을 투영하는 그만큼의 글자 분량을 '공부'라고 생각하지 않고 읽을 수 있다니 대단한 일이다. 그 자체로 배우는 데 싫증 내지 않는 상태로 들어섰다고 할 수 있다.

하지만 오늘날의 20대는 거의 신문을 읽지 않는다. 그래서 수업에 참석한 학생들에게 어떤 주제를 주고 관련 기사를 스크랩하라고 과제를 내면, 하나같이 '사회에 대한 관심이 커졌다'라고 입을 모은다. 그만큼 나는 매일 신문 읽는 습관의 이점을 어떻게든 젊은 세대에게 알려 주고 싶다. 훌륭한 문화와 관습을 차세대에게 계승하는 일도 60대의 역할이다.

12

나이를 잊는 비법

葉公問孔子於子路 子路不對
섭 공 문 공 자 어 자 로   자 로 부 대

子曰 女奚不曰 其爲人也 發憤忘食
자 왈   여 해 불 왈   기 위 인 야   발 분 망 식

樂以忘憂 不知老之將至云爾
낙 이 망 우   부 지 로 지 장 지 운 이

초나라 섭공이 자로에게 공자의 인품에 관해 물었으나 자
로는 대답하지 않았다. 그 사실을 안 공자는 이렇게 말했
다. "너는 어째서 이렇게 말하지 않았느냐. 그는 학문에 몰
두하여 먹는 것도 잊고 도를 즐기느라 근심을 잊은 채, 늙
어 간다는 사실조차 깨닫지 못하는 그런 인물이라고."

◆ 조금씩 늙음을 맞이하는 모두에게

사람의 인품을 한마디로 설명하기는 상당히 어렵다. 그런 면에서 공자의 이 말은 간결하면서도 적확하고 생생하게 자신을 표현하고 있다는 점에서 매우 좋은 말이다. 이제 조금씩 늙음을 맞이하기 시작한 60대에게는 유난히 마음에 와닿을지도 모르겠다. 기억해 두고 자신의 신조로 삼아도 좋을 것이다.

◆ 열정이 끓어오르는 자극을 추구한다

60대가 되면 해마다 늙음에 대한 불안이 커지기 마련이다. 젊었을 때는 멀리 있던 죽음의 그림자가 짙고 가깝게 느껴져서 더럭 겁이 나기도 할 것이고, '병에 걸리면 어떡하지?', '돈이 다 떨어지면 어쩌나!', '스스로 내 몸을 돌보지 못하게 되면 큰일인데' 등 불안한 일이 끝도 없이 떠올라 마음이 심란해진다.

하지만 생각하면 할수록 불안감은 사라지기는커녕 점점 부풀어 오르기만 한다. 불안해하고 걱정해 봐야 좋은 일은 하나도 없다. 평소 "그건 아는데요, 나도 모르게 어느새 어떡하지, 어떡하지 하고 걱정하게 되는걸요" 하고 말하는 사람이라면, 자극이 적은 데에 그 원인이 있는 게 아닌지 생각해 볼 필요가 있다. 사람도 잘 만나지 않고 새로운 일을 접할 기회도 없이 매일 똑같은 나날을 보내고 있다면, 달리 생각할 일이 없으므로 마음이 불안 쪽으로 기울게 된다. 꼭 대단한 자극까지는 아니더라도 마음이 움직이고 의욕이 솟아나는 소소한 자극이 있다면, 불안을 느끼는 시간을 줄일 수 있다.

◆ 긍정적인 에너지로 불안의 비중을 줄인다

세상에는 말 그대로 죽을 때까지 현역으로 지내는 사람도 있다. 무언가 자기 일에 열중한 사이에 어느덧 깨닫고 보니 늙어 죽음을 맞이했다는 느낌이다. 죽음을 맞이하는 데는 더할 나위 없이 이상적인 모습이다. 예를 들어 영화감독인 신도 가네토 씨가 그러하다. 그는 언제부터인가 '이것이 마지막 작품'이라고 입버릇처럼 말했다고 하는데, 그 후로도 몇 작품인가를 더 제작하고 100세에 세상을 떠났다.

일이 아니더라도 이른바 예순의 배움으로써 새로운 취미에 도전해 보면 어떨까. 게다가 무언가에 열중하게 되면 긍정적인 에너지가 솟아나, 마음을 덮치는 불안의 비중을 줄일 수 있다. 그런 식으로 자연스럽게 "그러고 보

니 요즘 죽음의 그림자를 느끼지 않게 되었어" 하는 상태
가 될 수 있다면 얼마나 좋은가. 의욕을 이끌어 내고 행동
으로 실천해 즐기면서 나이를 잊는 것, 그것이 공자의 가
르침이다.

13

사람살이의
기본은 문행충신

子以四教 文行忠信
자 이 사 교 문 행 충 신

공자는 문文, 행行, 충忠, 신信, 이 네 마디로 가르쳤다.

※ 문文은 학문을 배우는 일, 행行은 배운 것을 실천하는 일, 충忠
은 사람을 진실하게 대하는 일, 신信은 거짓 없이 사는 일을 뜻
한다.

◆ 한 글자 한 글자의 무게를 느낀다

한자를 보면 그 글자를 사용한 단어를 연상할 수 있어서 대충이나마 의미를 알 수 있다. 문文은 학문이나 문장을 뜻하므로, 글을 통해 중요한 것을 배우거나 전하는 일이구나, 하는 식으로 이해하는 것이다. 마찬가지로 행行은 행동이나 실행, 충忠은 충실과 충의, 신信은 신뢰와 믿음 등 연관된 단어들이 떠오른다.

예전에는 《논어》에 나오는 이러한 글자를 넣어 이름을 짓기도 했다. 그만큼 문·행·충·신, 이 네 글자는 사람으로서 지켜야 할 중요한 원칙이다. 온화하고 관대하며 성실한 정신을 유지한다는 의미에서도, 이 네 글자를 앞으로의 인생 목표로 삼아 한 글자 한 글자의 무게를 느끼면서 살아가면 좋을 것이다.

14

후회를 줄이는
사고방식

자한편 18장

譬如爲山 未成一簣 止吾止也
비 여 위 산 미 성 일 궤 지 오 지 야

譬如平地 雖覆一簣 進吾往也
비 여 평 지 수 복 일 궤 진 오 왕 야

비유컨대 이는 산을 쌓는 것과 같다. 마지막 한 삼태기의 흙을 붓지 못하고 멈추더라도 그것은 내가 멈춘 것이다. 이는 또한 땅을 고르는 일과도 같다. 비록 한 삼태기의 흙을 땅에 부었더라도, 나아감은 내가 나아간 것이다.

◆ 모든 것은 내가 결정한 일

보통 이 구절은 배움의 과정을 비유한 것으로 보는데, 나는 사람이 성장하는 과정도 마찬가지라고 생각한다. 그래서 성장이란 관점에서 이 글을 살펴보면, '모든 행동은 자신이 결정한 것'이라고 해석할 수 있다. 결정을 내리는 데는 여러 가지 사정이 있을 테지만, 행동의 근거는 모두 자신에게서 찾아야 한다는 매우 엄격한 사고관이다. 자신이 결정한 일이라고 깨끗이 인정하면 '어쩔 수 없지' 하는 마음이 생기며, 누구 탓에 혹은 무엇 때문에 그렇게 되었다는 쓸데없는 범인 찾기로 시간을 낭비하거나 헛수고를 할 필요가 없어진다. 그러므로 이는 곧 후회를 줄이는 사고방식이라고도 볼 수 있다.

◆ 나아갈지 그만둘지는 나에게 달려 있다

산을 만드는 비유에서, 나는 프로 레슬러 안토니오 이노키(1943-2022, 한국의 김일 선수와 함께 프로레슬링 한일 양대 산맥으로 불렸다-역주)의 이야기를 떠올렸다. 그는 역도산(1924-1963, 한국 출생의 일본 프로레슬링 선수-역주)에게 훈련을 받았는데, 핵심 훈련 중 하나가 스쾃을 천 번 단위로 실시하는 거였다고 한다. 당연히 하다 보면 한계를 느끼게 된다. 하지만 그때마다 역도산은 "한 번만 더, 도저히 못 하겠나?" 하는 말을 던졌다. 아무리 지쳐도 "진짜 딱 한 번만 더, 못 하겠어?", "그게 자네의 한계인가?" 하는 말을 들으면, 어떻게든 한 번을 더 하게 됐다고 한다. 그렇게 하다 보니 그만둘 타이밍이 없어졌다는 이야기였는데, 스쿼트 훈련으로 '정신력을 시험당했다'고 한 그의 말에 묘하게 감동했던 기억이 난다.

'한 번만 더!' 그렇게 해서 앞으로 나아갈지 그만둘지는 자신에게 달려 있다. 필사적으로 노력을 계속해서 목표에 이르게 되면 '내가 해냈어!'라는 자신감이 생긴다. 공자의 말을 이렇듯 긍정적으로 인식하면, 부조리한 이 세상을 살아가는 데 필요한 실존주의적인 마음가짐을 갖출 수 있다.

이와 관련한 책이 알베르 카뮈의 《시지프 신화》이다. 시지프는 신에게 노여움을 사 '커다란 바위를 산 정상까지 밀어 올렸다가 바위가 굴러떨어지면 다시 밀어 올리기를 영원히 반복해야만 하는' 형벌을 받는다. 이때 '신이 시켜서 하는 거라고' 생각하지 않고, 부조리한 벌을 받아들여 "좋았어. 어디 해 보자" 하고 다시 도전한다. 살다 보면 납득하기 힘든 일이 수도 없이 닥치므로, 그런 부조리야

말로 인간이 짊어져야 하는 숙명과도 같다. 그럴 때 상황에 떠밀려서 끌려가는 것이 아니라 멈출지 나아갈지를 내가 결정한다는 것은, 꽤 멋진 일이 아닌가.

나를 지탱하는
생각의 버팀목

위령공편 2장

子曰 賜也 女以予爲多學而識之者與
자왈 사야 여이여위다학이지지자여

對曰 然 非與 曰 非也 予一以貫之
대왈 연 비여 왈 비야 여일이관지

공자가 사에게 말했다. "사야, 너는 내가 많이 배우고 그것을 모두 기억하는 사람이라고 생각하느냐?" 자공이 "그렇습니다. 아닌가요?" 하고 대답하자 공자는 이렇게 말했다. "아니다. 나는 하나의 이치로 모든 것을 꿰뚫는 것이다."

※ 사는 자공의 이름.

◆ 하나로 일관하는 감각을 지닌다

어떤 상황에서도 말과 행동에 흔들림이 없는 사람에게는 심신을 꿰뚫는 하나의 축이 있다고 느껴진다. 공자가 말하는 '하나의 이치로 모든 것을 꿰뚫는다'는 것이 바로 이를 의미한다. 하나로 일관하고 있는 감각이 있으면 자신의 존재를 실감할 수 있으며, 이런 존재감이 사회적인 의미를 지닐 때 정체성을 깨우칠 수 있다.

◆ 자신에게 중요한 '하나'는 무엇인가

공자에게 있어 그 '하나'는 필시 도를 추구하는 강인한 의지라든가, 선인에 대한 동경을 에너지로 삼아 목표를 이루고자 하는 강한 신념일 것이다. 그 '하나'는 사람에 따라 각자 다르기 마련이다. 정의감이든 타인에 대한 관용이든 가족을 소중히 여기는 마음이든 뭐든 좋으니, 자신에게 있어서의 '하나'를 갖는 것이 중요하다.

현대는 전통적인 관습에 따라 살아가는 시대가 아니며, 우리가 이 세상에 존재하고 있는 의미를 찾아내기가 어렵다. 이런 때일수록 사상적인 버팀목이 있어야 한다. 망설이거나 고민하는 일이 줄어들면 정신적으로도 안정될 수 있으니, 자신에게 가장 소중한 '하나'는 과연 무엇인지를 반드시 생각해 볼 일이다.

◆ **좋아하는 세계에 몰두하는 것도 한 가지 방법**

자신에게 소중한 한 가지를 말하라고 하면 '글쎄…' 하고 생각에 잠기는 사람이 적지 않다. 그런 사람은 우선 자신이 좋아하는 일에 뛰어드는 것도 바람직한 방법이다.

현역 시절에는 일에서 자신의 정체성을 찾을 수 있었지만, 은퇴하고 나서 일을 하지 않는 일상이 이어지면 자신의 존재 가치를 느끼지 못하는 경우가 많다. 그런 상황이 벌어지지 않도록 일을 대신할 무언가에 열중하는 것이 좋다. 대단한 취미가 아니어도 괜찮다. 이를테면 일본의 거물 예능인이자 사회자인 타모리 씨는 '언덕길'을 좋아한다. NHK에서 방영하고 있는 기행 버라이어티를 보면 타모리 씨는 정말로 언덕길을 좋아하는데, 그런 소소한 대상에 열중하는 것도 일종의 '하나'가 될 수 있다.

예순 살이 넘어서는 신체 내부의 감각을 활용하는 것도 좋다. '어제의 나와 1년, 20년, 50년 전의 나, 오늘의 나를 이어 주고 있는 무언가가 있다'는 식으로 자신을 재구성해 보면, 생명의 지속감을 느낄 수 있을 것이다.

{16}

머리로 아는 것과
실천할 수 있는 것

子貢問曰 有一言而可以終身行之者乎
자 공 문 왈 유 일 언 이 가 이 종 신 행 지 자 호

子曰 其恕乎 己所不欲 勿施於人
자 왈 기 서 호 기 소 불 욕 물 시 어 인

자공이 "평생 실행할 만한 가치 있는 한마디는 무엇입니까?" 하고 물으니, 공자가 답했다. "그것은 서恕이다. 자신이 원하지 않은 일은 남에게도 하지 말아야 한다."

◆ 내가 하기 싫은 건 남도 싫다

평생의 과제로 실행해야 할 일을 '서恕'라는 한마디로 단언할 수 있다는 점이 공자의 대단한 면이며 《논어》의 묘미이다. 이어서 공자는 '서'란 '자신이 원하지 않은 일은 남에게도 하지 말아야 한다'는 뜻이라고 설명하고 있다. 이는 배려라 할 수 있다. 실천하기가 쉬운 듯해도 결코 쉽지 않다. 실제로 제자가 "명심하겠습니다"라고 대답했을 때, 공자는 "자네에게는 좀처럼 쉬운 일이 아니라네" 하고 냉정하게 말했다.

◆ 배려를 습관으로 실천할 수 있을까

머리로 알고 있는 것과 실천할 수 있는 것은 전혀 다른 문제다. 게다가 의식해서 하는 수준을 넘어서 그 행동을 자연스럽게 할 수 있기까지는 또 하나의 높은 장벽이 있다. 공자는 중요한 덕목을 전할 때마다 그것이 습관이 되어야 함을, 바꿔 말하면 자신의 기술로 몸에 배어 있어야 함을 강조했다. "말로 하기는 쉽지만 실천할 수 있겠는가?" 하는 물음이다.

나는 커뮤니케이션 강의 때 학생들에게 "웃음을 짓는 것, 그리고 상대의 말에 타이밍 좋게 맞장구를 쳐 주는 것은 매우 중요합니다. 자, 한번 해 보죠"하고 제안한다. 하지만 학생들은 좀처럼 실천하지 못하고, 여러 차례 강조해도 소용없다. 결국 이렇게 말할 수밖에 없다. "실행하지 못하니까 말하는 거예요. 여러분이 할 때까지 나는 몇 번이든 계속해서 말할 겁니다."

한 가지 행동을 습관화, 즉 기술로 몸에 익히려면 대개 만 번을 연습해야 한다고 한다. 그러니 미소를 짓거나 상대의 말에 적절히 맞장구치는 일을 습관처럼 할 수 있으려면 반복해서 연습하는 수밖에 없는 것이다.

◆ 미소는 대인관계의 기본

40대 중반이 되면 기분이 안 좋은 듯한 표정을 짓는 사람이 늘어난다. 자신은 그냥 평소대로 있는 건데도 남의 눈에는 뭔가 언짢은 일이 있는 사람처럼 보인다. 의식해서 일부러라도 기분 좋은 표정을 짓지 않으면, 대인관계가 잘 풀리기가 어렵다. 그런 의미에서 예순 이후의 대인관계에서는 웃음 띤 표정을 짓고 적절한 타이밍에 상대의 말에 맞장구를 치는 것을 기본 습관으로써 연습하면 좋다.

작고하신 와타나베 가즈코 수녀님은《당신이 선 자리에

서 꽃을 피우세요》라는 저서에서, 내가 웃음을 보여도 마주 웃어 주지 않는 사람이야말로 웃음을 필요로 한다고 썼다. 항상 내가 먼저 웃겠다고 마음먹으면 개운하다. 웃으면서 일생을 마칠 수 있다면 멋진 일이 아닌가.

{17}

분위기나 흐름에
휩쓸리지 않는다

위령공편 27장

衆惡之 必察焉 衆好之 必察焉
중 오 지　필 찰 언　중 호 지　필 찰 언

세상의 많은 사람이 미워하더라도 반드시 살펴보고, 세상
의 많은 사람이 좋아하더라도 반드시 살펴본다.

◆ 반드시 스스로 생각하고 살펴본다

인터넷 사회가 굉장한 속도로 발달한 오늘날, 사람들은 소셜 네트워킹을 통해 자신의 의견이나 감정을 확연히 드러낸다. 이 자체는 괜찮지만, 한 가지 정보에 수많은 사람이 한꺼번에 휩쓸리는 경향은 문제가 아닐 수 없다.

공자가 말했듯이, 대다수를 차지하는 의견과 생각이라는 이유만으로 깊이 생각하지 않고 분위기나 흐름에 그대로 휩쓸려서는 안 될 일이다. 그 방향이 잘못되었을 경우, 사회는 위기 상황에 빠질 수 있다.

◆ 세상을 바꾸는 건 한 사람 한 사람의 힘

최근 세계적인 추세를 보면, 대중이 하나의 방향으로 우르르 쏠려 가는 현상이 현저하게 나타나고 있다. 일본은 특히 그 정도가 심하다. 그 대표적인 사례로 선거를 꼽을 수 있는데, 예를 들면 '우정민영회(국영으로 운영되던 일본의 우편 사업, 간이 생명 보험 사업, 우편 저금 사업의 3대 우정 사업을 개편하여 민간 기업에서 운영하도록 한 정책-역주)에 찬성인가 반대인가?' 하는 화두에 '찬성!'이라며 자민당의 의견을 추종하고, 그다음에는 '정권 교체, 찬성인가 반대인가?'에 '찬성!'이라며 민주당 주장을 추종하는 식이다. 지

60대를 위한 논어

나가는 사람을 붙잡고 "조금 더 침착하게 정보를 살피고 깊이 생각해 봅시다" 하고 말하고 싶을 정도다.

역사를 거슬러 올라가 고대 그리스의 직접민주주의를 살펴보면, 그곳에서는 덕을 갖추고 상식을 분별할 줄 아는 한 사람의 성숙한 시민을 만들어 내는 일이 매우 중시되었다. 그들이 올바르게 투표권을 행사하지 않으면 제대로 된 정치를 할 수 없게 되고 사회가 혼란에 빠지기 때문이다. 고대 그리스의 이러한 장점을 본받을 필요가 있다.

지금 우리 사회에서는 분위기에 휩쓸리지 않고 스스로 생각해서 살피는 일이 무엇보다 중요하다. 60대라면 더욱더 그 중심을 굳건히 해야 한다. 더불어 흔들리는 젊은 세대와 아이들이 성숙한 시민으로 당당히 나설 수 있도록 차세대를 지원하는 역할을 맡아야 한다. 30대, 40대가 바빠서 관심 있게 챙기지 못하는 부분을 챙기다 보면, 사회의 일원을 키워 내는 성취감도 가질 수 있을 것이다.

{18}

나의 뜻은
세상을 위하는가

三軍可奪帥也 匹夫不可奪志也
삼 군 가 탈 수 야   필 부 불 가 탈 지 야

수만 명의 대군을 이끄는 장수를 빼앗아 올 수는 있지만,

필부의 가슴에 품은 뜻은 그 누구도 빼앗을 수 없다.

◆ 뜻을 품는다

자신이 품은 뜻은 내면에 있는 성역이라고도 할 수 있다. 그 누구도 범할 수 없다. 아무리 평범한 사람이라고 해도 이루고자 하는 확고한 목표나 이상을 가지고 있다면 꺾이지 않는 의지를 지니게 된다.

◆ 결정적 차이를 만드는 목표의 힘

다만 어떤 뜻을 품고 있는가에 따라 내가 하는 모든 행동과 결과물이 달라진다. 가령 어떤 금융 종사자는 서브프라임 모기지처럼 미심쩍은 상품으로 엄청난 돈을 벌고 세계를 공황에 빠뜨린다. 반면 노벨평화상을 수상한 방글라데시의 무하마드 유누스는 돈이 없는 사람에게 무담보로 융자를 내주어 창업을 돕는 시스템을 만들었다. 예로 들기는 조금 거창한 이야기지만, 어떤 뜻을 품고 있는지의 차이는 이렇게 다른 결과를 만들어 낸다.

어떤 뜻을 품느냐 하는 하나의 지표로써 '세상을 위하고 인류를 위하는 일인가' 하는 축을 생각할 수 있다. 계몽가이자 교육가인 후쿠자와 유키치는 《학문의 권장》에서 '개인이 독립해야 국가가 독립한다'라고 설파했는데, 이는 한 사람 한 사람이 국가를 지탱하는 기개를 지녀야 한다는 뜻이다. 이 또한 뭔가 거창하게 느껴질지도 모르지만, 개인 차원에서 각자 기개를 지니는 일은 그리 어렵지 않다. 60대 이상의 의견이 국가의 균형을 이루는 데 큰 역할을 하고 있는 지금, 세상을 위하고 사람을 위하고자 하는 의지를 강하게 품어야 할 것이다.

{19}

좋고 싫음이 아닌
공정함에 따른다

이인편 10장

君子之於天下也 無適也 無莫也 義之與比
군 자 지 어 천 하 야 무 적 야 무 막 야 의 지 여 비

군자는 세상의 일에 임할 때 '좋다' 혹은 '좋지 않다'고 단
정 짓지 않는다. 다만 의義를 따를 뿐이다.

◆ 의를 행동 지침으로 삼는다

좋고 싫은 자신의 감정이나 사리사욕에 사로잡혀 행동하지 말고, 이치에 맞는 일, 즉 의에 따라 행동하라는 의미이다. 예순이 되어 목표로 해야 할 것은 군자의 경지이므로, 이는 하나의 행동 지침으로 삼아야 할 말이다.

◆ 공정한 감각이 필요하다

예를 들어 팀원 중에서 이번에 누구를 승진시킬지를 결정해야 할 때, 선정하는 입장에 있는 사람은 아무래도 좋아하고 싫어하는 감정에 현혹될 때가 있다. 왠지 마음에 들지 않는다거나 합이 맞지 않는다, 혹은 너무 유능해서 자신에게 위협이 될 것 같다는 이유로 능력 있는 사람을 배제하는 것이다. 그런 기준으로 인재를 가린다면 세월이 흐르면서 조직이 점점 쇠약해질 위험이 있다. 대학교 인사에서도 비슷한 일이 비일비재한데, 처음에는 거물 교수진이 갖춰져 있었지만 차츰 수준이 떨어지는 식이다.

사사로운 감정에 얽매이지 않고 '이 사람은 유능하니까, 개인적으로는 좋아하지 않지만 승진시키자. 그것이 조직의 발전을 위한 일이다' 하고 공정하게 판단해야 한다. 그것이 바로 의에 따른 인사 정책이다. 무엇보다 우수

60대를 위한 논어

한 인재를 이끌어 준다고 해서 자신의 평가가 낮아져 손해를 보는 일은 없다. 오히려 대부분의 경우 주위 사람들이 '저 사람의 인사 결정은 공정하다' 하고 평가하게 되므로 자신의 덕망과 신뢰가 한층 높아진다. 실제로 주위에서 추천받아 조직의 윗자리로 올라가는 사람들은 대개 이러한 공정함을 지니고 있다.

◆ 다시금 정의를 생각한다

시대적으로 보면 최근에는 '공公'의 인식이 점점 옅어지고 '사私'를 우선하는 큰 흐름이 형성되었다. 하지만 정치철학자 마이클 샌델 교수가 쓴 《정의란 무엇인가》라는 책이라든가 2011년 발생한 동일본대지진 등과 같이 우리는 특정 사건이나 이슈를 계기로 공정함이 얼마나 중요한지를 재인식하곤 한다. 자신의 마음에 비춰 '이것이 의에 따른 올바른 선택이다, 그 누구에게도 부끄럽지 않은 행동이다'라고 말할 수 있는 자신감을 지니고 행동하는 것이 중요하다. '의를 따른다'는 것은 그러한 일이다.

동경하는 마음은
에너지가 된다

술이편 19장

我非生而知之者 好古敏以求之者也
아 비 생 이 지 지 자   호 고 민 이 구 지 자 야

나는 태어나면서부터 사물의 이치를 안 사람이 아니다. 다
만, 옛것을 좋아하여 한결같이 도리를 추구해 온 사람이다.

◆ 선인들을 동경하는 마음

앞에서도 나왔듯이, 공자는 거듭 자신은 최상의 재능을 가진 자가 아니라고 강조해 왔다. 다만 옛것을 믿고 즐겨 배우며 주위에 전하려 했을 뿐이라는 것이다. 공자에게는 '옛것을 좋아하는' 것이 자신의 정체성이자 살아가기 위한 강렬한 에너지였음이 분명하다.

◆ 동경이 살아가는 에너지가 된다

공자가 어질고 덕망 높은 옛 성왕들을 동경했듯이, 이탈리아 르네상스 시대의 예술가 미켈란젤로는 고대 그리스의 조각을 동경했다. "저런 작품을 만들고 싶다. 하지만 나는 아직 멀었어, 어림없어" 하고 계속해 되뇌면서 작품을 창작했다고 한다. 자신의 이상을 이루지는 못했을지 몰라도, 결국 미켈란젤로는 당대에 가장 뛰어난 존재가 될 수 있었다. 동경하는 대상이 강렬한 창작 에너지로 작용했던 것이다.

이런 예는 얼마든지 찾을 수 있다. 염색공예가 구보타 잇치쿠는 스무 살 때 과거에 크게 번성한 염색기법인 '쓰지가하나'로 물들인 직물을 만나 그 아름다움에 매료되었다. 그리고 '언젠가 이 염색기법을 부활시키고 싶다'는 염원을 품고 약 40년에 걸쳐 연구를 거듭한 끝에 '잇치쿠 쓰지가 하나'라는 자신만의 독창적인 염색법을 완성했다. 또한 일본을 대표하는 한자 연구가 시라카와 시즈카는 예순 살이 넘어서 옥편을 집필하는 데 몰두했다. '그 나이에?' 하고 감탄하지 않을 수 없는데 그 에너지의 원천에는 역시 한자라는 글자에 대한 동경과 열정이 있었을 것이다. 이런 사례에서 알 수 있듯이, 옛것에 대한 동경은 때로 강한 삶의 에너지를 불러일으킨다.

◆ 끝없는 탐구에 가슴이 뛰다

옛 시대의 예술과 문학은 무척 심오해서 아무리 연구해도 끝까지 도달했다는 실감을 얻지 못할 때가 많다. 그래서 더욱 흥미롭다.

나 또한 TV에서 방영하고 있는 미술 교양 프로그램을 보면서 그림 속에 감춰져 있는 미스터리를 탐구하기도 하고, 러시아 문학가 도스토옙스키와 관련된 책을 읽으며 그의 작품 세계를 탐방하기도 하는데, 이런 일들이 조금도 싫증 나지 않는다. 공자가 말하는 '한결같이 추구하는 마음' 상태가 되어 가슴이 뛸 정도다.

고전의 가장 큰 매력은 학자조차 평생에 걸쳐도 다 알

지 못한다는 점이다. 아무리 연구해도 끝을 알 수 없는 수수께끼의 세계에 빠질 수 있다니, 얼마나 즐거운 일인가. 어쩌면 공자처럼 평생 추구하는 일에 몰두하며 살다가 어느새 자연스럽게 죽음을 맞이하는 일도 가능할지 모른다. 끝없는 탐구에 가슴 설레는 시간을 가지는 것도 60대에 즐길 수 있는 삶의 방식 가운데 하나이다.

3장

존경받는
어른이 되기 위한 가르침

{21}

하루를 되돌아보는
시간의 습관화

曾子曰 吾日三省吾身 爲人謀而不忠乎
증자왈 오일삼성오신 위인모이불충호

與朋友交而不信乎 傳不習乎
여붕우교이불신호 전불습호

증자가 말했다. "나는 매일 세 가지를 반성한다. 다른 사람을 돕는 데 성심을 다했는가. 친구들과의 관계에서 신의를 지켰는가. 배운 것을 제대로 익혔는가."

◆ 일기로 마음가짐을 안정시킨다

증자는 공자의 제자들 가운데서도, 높임의 의미인 '자子'자가 붙을 만큼 뛰어난 인물이었다. 그런 증자가 매일 반드시 세 가지를 반성한다고 말한다. 이 세 가지 자기반성 내용을 들여다보면 공자의 정신을 확실히 이어받았다는 사실을 알 수 있다.

반성이란 나이가 들수록 점점 귀찮은 일이지만, 60세를 넘어 존경을 받는 어른이 되고자 할 때 반성하는 행위에는 매우 큰 의미가 있다.

◆ 수첩을 일기장 대용으로 사용한다

반성이란 자신의 행동을 비판적으로 살피고 잘못한 점을 확인하는 행위이지만, 조금 가벼운 마음으로 하루를 되돌아보는 것도 충분히 괜찮은 방법이다. 그런 경우에 한 가지 수단으로 사용할 수 있는 것이 바로 일기이다.

예전에는 일기를 쓰는 사람이 꽤 많았고 자신의 행동을 되돌아보거나 앞으로의 일을 생각해 보는 동안 마음이 편안해지고는 했다. 다만 요즘에는 일기장에 일기를 쓰려고 하면 좀처럼 실행하기 어려울지도 모르므로, 수첩을 일기장 대신으로 사용하기를 권한다. 젊을 때는 수첩이 단지 일정을 관리하기 위한 도구였겠지만 나이가 들면서 그 같은 용도는 점차 줄어든다. 수첩의 빈칸을 다 메울 정도의 일정이나 약속이 없으니 하얗게 텅텅 비어 있는 페이지를 보면서 왠지 서글퍼지는 사람도 적지 않을 것 같다.

하지만 그 빈 페이지를 일기 공간으로 여기면 기분이 조금 달라진다. 그날 있었던 일, 뉴스를 보고 생각한 것, 영화를 보거나 책을 읽고 느낀 점, 다른 사람에게 들은 재미있는 이야기 등, 뭐든지 상관없으니 마음에 남아 있는 일을 적다 보면 수첩 하나로 하루하루가 즐거워질 것이다. 만약 아무것도 쓸거리가 없는 날이라면, '안 돼, 안 돼. 좀 더 행동력을 키워야겠어'라고 생각하면서 행동에 탄력을 붙이면 좋겠다.

나의 경우는 '축하! 축구 국가대표팀 승리! 2대1 승리의 기쁨에 취하다' 이런 식으로 그날 있었던 일에 대한 소소한 감상을 적고 있다. 심지어 나름 체계적이다. 검정, 파랑, 빨강, 초록의 네 가지 색 볼펜에 샤프펜슬까지 세트로 된 필기구를 사용해서, '매우 중요한 용무는 빨강', '조금 중요한 일은 파랑', '하루하루의 소소한 감상은 초록' 등으로 분류해 적고 있다. 그렇게 수첩의 페이지를 형형색색 다채로운 글자로 채워 가는 작업은 상당히 재미있어서

날마다 좋은 느낌으로 '되돌아보는 시간'을 즐기고 있다.

일에 관련된 용무가 적어지는 60대야말로 수첩의 새로운 사용방법으로서, 하루를 되돌아보며 마음속에서 꿈틀거리는 이야기를 적어 보기를 권한다.

◆ 오늘 있었던 일을 다른 사람에게 이야기한다

하루를 되돌아보는 행위로는 다른 사람에게 이야기하는 방법도 있다. 여성은 남편이나 아이들에게 그날 있었던 일을 이것저것 이야기하는 경우가 많다. 나는 이 수다의 기술을 남성도 꼭 배웠으면 한다. 남성들 가운데는 나이가 들수록 과묵함이 지나쳐 아예 입을 꾹 다물고 있는 게 습관이 되어 버린 사람이 많은데, 이 때문에 하루를 되돌아볼 기회를 놓치는 경향이 있다.

그런 날이 되풀이되다 보면 매일 아무 일도 없이 지나가는 것처럼 느껴진다. 뭔가를 해 보려는 마음도 점점 시들해진다. 그렇게 되지 않으려면 그날 있었던 일을 가족이나 친구, 또는 지인에게 얘기하면서 활기차게 보내려는 노력도 필요하다. 가능하다면 '수첩 일기'와 '수다'를 한 세트로 묶어 일상을 되돌아보는 시간을 가져 보자. 60대의 일상에서 느끼는 만족도가 확연히 달라질 것이다.

{22}

다른 사람과
세상일을 알려는 마음

학이편 16장

不患人之不己知 患不知人也
불 환 인 지 불 기 지   환 부 지 인 야

남이 나를 알아주지 않음을 걱정하지 말고, 내가 남을 알

아주지 못함을 걱정해야 한다.

◆ 시선을 밖으로 돌려 세상을 넓힌다

인정받고 싶고 높이 평가받기를 원하는 마음은 누구에게
나 있다. 어쩌면 인정받고 싶어 하는 마음이 너무 강해서
불특정 다수의 시선이 자신에게 향하기를 원하는 사람도
적지 않을 것이다. 하지만 공자는 그와 반대라고, 자신이
상대를 알려고 하지 않는 것이 더 문제라고 조언한다. 시선
을 자신에게가 아니라 멀리 밖으로 향하는 것이 핵심이다.

◆ 알려는 의지가 중요하다

나이가 들면서 다른 사람에 대해 알려고 한다든가 자신
이 모르는 일을 알고자 하는 마음이 엷어진다는 것은 왠
지 쓸쓸하다. '남을 아는 건 번거로워. 그렇다고 내가 존
중받지 못하는 건 싫어.' 이렇게 자기중심적인 이야기가
어디 있는가. 남들이 자신을 알아주길 바란다면 우선 상
대를 알고자 하는 의지가 필요하다. 그렇지 않으면 인간
관계의 범위가 점점 좁아질 뿐이다.

사람뿐만이 아니라 세상일을 알려고 하지 않는 것도 문
제라 할 수 있다. 무언가 세상에서 화제가 되고 있을 때,
"이거 아세요?" 하고 물었는데 "모르지만 나랑 상관없
어" 하고 넘어가는 사람이 있다. 모른다는 사실이 부끄럽

60대를 위한 논어

지도 않고, 모르니까 알려는 호기심도 일지 않는 것은 일종의 마음 폐쇄 현상이라고 할 수 있다.

그러다가는 금세 자신을 둘러싼 세계가 축소되고 노화가 가속화될 것이다. 조금 번거롭더라도 자신이 모르는 사람, 자신이 모르는 일에 관심을 기울이고 "그거, 알아요" 하고 말할 수 있는 대상을 늘려 가야 자신의 마음도 일상도 활기차게 움직일 수 있다.

나는 아침에 일어나면 바로 텔레비전을 켜 놓는다. 외출할 때를 제외하고는 하루 종일, 잠자기 전까지 틀어 둔다. 계속해서 들여다보는 것은 아니고 책을 읽으면서 혹은 일을 하면서 흘끔흘끔 쳐다보는데 이렇게 하면 자연히 요즘 화제가 되고 있는 일이라든지 교양에 관한 지식을 얻게 되어 매우 자극적이다. 라디오를 듣는 것도 굉장히 좋다. 대규모 유통회사인 세븐&아이홀딩스의 스즈키 도시후미 전 회장과 이야기를 나눈 적이 있는데 그때 이런 말을 들었다. "전 자동차를 타면 라디오를 틀어 놓곤 해요. 그것만으로도 뭔가를 얻을 수 있으니까요." 텔레비전이나 라디오에서 흘러나오는 정보로 '대충 알고 있는' 일이 늘어나면 다른 사람과 대화를 나눌 때 화젯거리가 훨씬 풍부해질 것이다.

{23}

무엇에
만족하는지를 살핀다 위정편 10장

視其所以 觀其所由 察其所安
시 기 소 이 관 기 소 유 찰 기 소 안

人焉廋哉 人焉廋哉
인 언 수 재 인 언 수 재

그 사람이 어떻게 행동하는지, 그 이유가 무엇인지, 무엇에 만족하는지 이 세 가지를 살피면, 그 사람의 본질이 어찌 숨겨질 수 있겠는가. 어찌 숨겨지겠는가.

◆ 사람을 판단하는 세 가지 기준

60대의 인간관계를 생각했을 때 매우 의미심장한 말이 아닐 수 없다. 특히 흥미로운 것은 공자가 사람을 판단하는 이 세 가지 기준 중에서 '무엇에 만족하는지를 살핀다'는 점이다.

◆ 마음이 편안해지는 지점을 안다

상대방이 무엇에 만족하는지를 알게 되면 인간관계가 한결 쉬워진다. 가족의 경우, '아버지는 저녁 식사 때 반주를 곁들이면 기분이 좋아진다', '어머니는 쇼핑을 할 때 즐거워한다', '아이는 책을 읽어 주면 좋아한다' 이런 식으로 가족 구성원이 어떤 상황에 '만족을 느끼는지' 그 점을 알면 설사 싸움을 하더라도 관계를 쉽게 회복할 수 있다.

가령 아이가 자기 자랑을 할 때 안심하면서 안정감을 느낀다는 사실을 안다면, 관계가 삐걱거릴 때 슬쩍 자랑할 수 있는 화제를 던져 줄 수 있다. 상대를 정확히 파악하고 있으면 잘 지내기 위한 방법을 쉽게 찾을 수 있는 것이다. 사람에 따라서 만족해하는 상황은 각양각색이지만 그것을 꿰뚫어 보기는 그리 어렵지 않다. 인간관계를 원활하게 하는 요령으로써 기억해 두면 좋겠다.

◆ 수상쩍은 사람과는 사귀지 않는다

새로운 사람을 만나게 됐을 때 무조건 배척해서는 안 되지만, 공자가 말한 세 가지 기준을 통해 그 사람의 본질을 파악하는 것은 중요한 일이다. 그다음으로는 주변에 둘 것인지 멀리할지를 결정해야 한다.

인간관계에서는 '이런 사람과 가까이하는 게 아니었는데'라든가 '그 사람과 친하게 지내는 바람에 피해를 입었어'라고 후회하는 경우가 많이 발생한다. 인생은 시간이 한정되어 있다. 남은 날들이 줄어들고 있는 60대 이후는 더욱이 교우 관계를 확실한 사람들로 추리는 것이 중요하다. 공자가 말했듯이, 군자는 위험한 곳에 가까이 가지 않는다.

{24}

상대의 나이에 맞춰
목표를 달리한다

老者安之 朋友信之 少者懷之
노자안지 붕우신지 소자회지

노인을 마음 편하게 하고 친구에게 믿음을 주며 젊은이들
을 감싸주는 그런 사람이 되고 싶다.

◆ 젊은 세대가 따를 수 있는 사람

제자가 공자에게 "스승님이 마음속에서 지향하는 뜻은 무엇입니까?" 하고 물었을 때, 공자가 인간관계에 초점을 두고 한 말이다. 상대의 나이에 맞춰 자신은 이런 존재가 되고 싶다고 한 점이 감탄스럽다. 인간은 다양한 사람들과의 관계 속에서 살아가고 있으므로, 자신이 그 안에서 어떤 존재가 되고 싶은지를 마음속의 목표로 삼는 일은 매우 현실적이다.

60대는 젊은 세대가 따를 수 있는 사람을 목표로 하는 것이 좋다. 지인 중에 근처 유치원 아이들과 가까이 지내는 80세 어르신이 있다. 그는 색종이에 동화작가인 미야자와 겐지의 말을 적어 선물로 건네주곤 한다. 그런 노인이 되어 가는 것도 앞으로의 인생에서 꽤 좋은 목표가 아닐까.

때와 장소에 따라
균형을 이루는 연습

술이편 37장

子 溫而厲 威而不猛 恭而安
자 온 이 려 위 이 불 맹 공 이 안

공자는 온화하면서도 엄격하고, 위엄이 있으면서도 사납지 않으며, 예의 바르면서도 편안한 사람이다.

◆ 사회적으로 원숙한 인격을 지닌다

이는 내가 무척이나 좋아하는 말이다. 제자 중 한 명이 공자가 어떤 사람인지 표현한 말인데, 그때그때의 상황이나 제자에 따라 공자가 내보이는 표정이 조금씩 다르다는 데서 그의 깊고 풍부한 인간미를 느낄 수 있다.

◆ 때와 장소에 따라 다른 모습을 보인다

사람은 언제나 같은 얼굴일 수 없다. 가령 '온화하면서도 때로는 엄격한' 공자처럼, 때와 장소에 따라 서로 상반되는 모습을 보일 수 있다. 이때 그 오가는 폭이 딱 알맞게 균형을 이룰 때 매력을 더하는 것이다.

이미지로 떠올려 보자면 야지로베에(막대 위 끝에 T형으로 가로대를 대고, 그 가로대 양끝에 추를 매달아 좌우가 균형을 이뤄 막대가 넘어지지 않도록 한 장난감-역주)의 팔이 사방팔방으로 뻗어 나가는 느낌이라고 할까. 그렇게 균형을 이루면 사회적으로 원숙하고 깊은 인격이라고 할 수 있다. 이것이 바로 60대가 지향해야 할 중용의 감각이다.

◆ 자신의 기질을 잘 살펴 파악한다

균형을 잘 이루는 지점 또한 사람마다 다르다. 그 점은 애초에 타고난 기질을 잘 살펴서 발견하는 것이 가장 좋다.

가령 신경질적인 사람이 있다면 그 기질 자체는 좀처럼 바꿀 수 없다. 하지만 시각을 달리하면 신중한 성격이라고 바꿔 말할 수 있다. 그렇다면 신중함이 좋은 방향으로 작용하는 분야에서 자신의 기질을 발휘해, 부정적으로 작용하는 부분을 상쇄하는 형태로 균형을 맞춰 가면 된다. 그런 식으로 하면 자신의 기질에 적합한 균형감을 발휘해 나갈 수 있다.

{26}

가장 무서운 적은 집착과 완고함

자한편 4장

子絕四 毋意 毋必 毋固 毋我
자 절 사 무 의 무 필 무 고 무 아

공자에게는 네 가지가 없다. 사사로운 뜻이 없고, 무조건
해야 한다는 고집이 없으며, 한 가지 일에 집착함이 없고,
자신만을 내세우는 이기심이 없다.

◆ 완고한 어른은 미움받는다

의意, 필必, 고固, 아我라는 이 네 글자는 완고한 고령자의 특징을 예리하게 지적하고 있다. 고집스럽고, 완고하고, 자기 생각만 내세우고… 공자의 원래 성격이 어떻든, 필시 나이가 들면서 '이러한 노인이 되면 안 되겠다' 하고 의식적으로 주의했던 것은 아닐까. 이 구절은 '예순 살에 남의 말을 순순히 들을 줄 알게 되었다'는 말과 비슷한 맥락이다. 예순 살이 되면 남의 말에 귀를 기울여 "그렇군요" 하고 웃으며 유연하게 대응하는 자세가 필요하다.

'그 사람은 완고하지만 이치에 맞는 말을 한다'라면 또 모르지만, 자신에게 이익이 되는 일만 하려고 드는 데다 완고하기까지 하다면 그 누가 좋아하겠는가. 다른 이들에게 도움이 되기는커녕 미움만 받을 게 뻔한 일이다. 고집을 부리는 것도 정도껏 해야 젊은 세대가 따르고 존경하는 어른이 될 수 있다.

불안에 흔들리지 않는
성숙한 사람

자한편 27장

歲寒然後 知松柏之後彫也
세 한 연 후 지 송 백 지 후 조 야

추위가 혹독해진 후에야 소나무와 측백나무가 다른 나무
보다 뒤늦게 시듦을 깨닫는다.

◆ 나무에게 배우는 인생의 모습

이 구절은 위기 때 사람의 진면목을 알게 된다는 의미로 많이 쓰이는 말이다. 하지만 나는 '인생'이란 맥락에서 이 말의 의미를 곱씹는 것을 좋아한다. 나무에는 어딘가 사람이 살아가는 모습과 겹치는 이미지가 있기 때문이다.

◆ 한결같은 내 마음을 지킨다

한겨울에 소나무와 측백나무를 바라보면 '아, 한겨울에도 변함없이 살아 있구나!' 하고 감탄하게 된다. 인생에서 세한歲寒, 즉 한겨울의 추위란 상황이 나빠지는 것을 의미한다고 할 수 있다. 60대의 입장에서 생각해 보면, 노후의 생활과 질병, 죽음 등에 대한 막연한 불안감을 들 수 있다. 그럴 때 소나무와 측백나무처럼 흔들리지 않고 살아가려면 어떻게 해야 할까. 그 방법으로 내가 말하고 싶은 것은 불교의 무상관無常觀이다. 세상은 무상한 것이며 모두 덧없고 항상 변하기 마련이라는 인생관인데, 나는 한결같은 내 마음을 지키기 위해서 세상의 변화무쌍을 받아들이자고 나름의 해석을 덧붙였다.

《헤이케 이야기》(헤이케 일족의 영화와 멸망을 그린, 가마쿠라 시대의 군담 고전문학-역주)의 첫머리는 다음과 같은 구절로 시작한다. '기원정사에서 들려오는 종소리, 제행무상을 느끼네.' 미야자와 겐지도 《봄과 아수라》라는 시집의 서문에서 자신은 하나의 현상에 지나지 않으며 '풍경이나 다른 모든 것과 함께 분망히 명멸하며 또렷이 불을 밝히고 있는 하나의 푸른 조명이다'라고 밝혔다. 무상관과도 통하는 이 사고관은 여린 듯하면서도 상당히 거침이 없다. 죽음을 또 하나의 운명으로 받아들이고 살아가므로 마음이 좀처럼 흔들리지 않는다.

◆ 단전의 힘을 기르는 성숙한 사람

또 한 가지, 단전을 통한 강인한 정신력이 있다. 위기 상황에 처했을 때 제하단전, 즉 배꼽에서 손가락 세 개 정도 아래의 단전에 힘을 주면 마음이 안정되며 냉정하고 과감하게 행동할 수 있다. 뒤집어 말하면, 패닉 상태에 빠져 자신을 잃는 까닭은 단전에 힘이 없기 때문이다.

단전의 힘이 단단하게 갖춰져 있으면 인생에서 어떠한 난관에 부딪혀도 마음이 꺾이지 않는다. 나무가 비추는 삶의 이미지와 무상관과 단전의 힘. 이 세 가지를 굳건히 한다면, 더 이상 흔들리지 않는 마음으로 살아갈 수 있을 것이다.

28

사람을 대하는
적절한 타이밍

위령공편 7장

可與言而不與之言 失人
가 여 언 이 불 여 지 언　실 인

不可與言而與之言 失言
불 가 여 언 이 여 지 언　실 언

知者 不失人 亦不失言
지 자　불 실 인　역 불 실 언

다른 사람과 대화를 해야 할 때 하지 않으면 사람을 잃는
다. 다른 사람과 대화를 해선 안 될 때 말을 나누면 실언을
한다. 지혜로운 자는 사람을 잃지 않으며 실언도 하지 않
는다.

◆ 타이밍을 놓치지 않는다

말해야 할 타이밍을 놓쳐 관계가 어색해지거나 일이 순조롭게 풀리지 않는 경우가 많다. 다행히 나이가 들수록 적절한 타이밍을 판별하는 능력이 높아진다. '이 사람을 지금 알아두면 좋은 인간관계를 맺을 수 있을 거야'라든가 '이 기회를 지금 잡으면 미래에까지 이어질 거야'라고 생각된다면 당장 적극적으로 행동에 나서야 한다.

핵심은 '다음'을 생각하는 데 있다. 예를 들어 친한 친구들과 모였을 때 다음에 만날 시기를 미리 결정하는 것처럼 항상 다음을 의식해서 모든 일에 적절한 타이밍을 가늠하는 게 중요하다.

29

선한 영향을 끼치는
사람을 옆에 둔다

위령공편 9장

子貢 問爲仁 子曰
자 공 문 위 인 자 왈

工欲善其事 必先利其器 居是邦也
공 욕 선 기 사 필 선 리 기 기 거 시 방 야

事其大夫之賢者 友其士之仁者
사 기 대 부 지 현 자 우 기 사 지 인 자

자공이 인仁을 행하는 방법에 관해 묻자 공자는 이렇게 대답했다. "장인이 일을 잘하려면 반드시 연장을 먼저 갈고 닦아야 하니, 어디에 있든 그 나라의 현명한 대부를 골라 섬기고, 어진 선비를 친구로 삼아야 한다."

◆ 인을 갖추는 방법

공자는 '인을 갖추는 일이 인격 형성에 있어 중요하다. 그것은 살아가는 목표이기도 하다'라고 말했다. 그만큼 《논어》에는 제자들이 공자에게 어떻게 하면 인을 갖출 수 있는지를 묻는 장면이 많이 등장한다. 그런데 재미있는 점은 공자가 상황이나 제자에 따라 다양한 답을 내놓았다는 사실이다.

◆ 인간관계를 되돌아본다

60대가 되면 친구의 존재가 독특한 무게를 갖게 된다. 퇴직 등을 계기로 일과 관련된 만남과 교류가 줄어들고, 심지어 단번에 뚝 끊어지기도 한다. 그런 만큼 어떤 사람과 가깝게 교류하느냐에 따라 자신의 마음가짐도 앞으로의 인생도 크게 달라질 수밖에 없다.

다시 말해 60대는 인간관계를 다시 돌아보는 시기라고 인식해도 좋다. 이때 중요한 것은 자신의 인생 후반에 선한 영향과 좋은 자극을 주는, 인격이 뛰어난 사람을 친구로 선택해야 한다는 점이다.

가령 '일로 엮인 관계이긴 하지만 이 사람과의 인연은 소중히 여기고 싶다'라든가 '최근에는 약간 소원해졌지만 학창 시절을 함께했던 그 친구와 우정을 더욱 돈독히 하고 싶다' 하는 생각이 드는 사람이 있다면, 자신이 먼저 연락해 보자. 또는 지역이나 친목 단체에 새로이 참가하는 등 낯선 세계로 들어가 인간관계를 넓히는 것도 좋다. 그런 식으로 점점 더 인간관계가 순수하고 깊어지면 60대의 인생이 훨씬 만족스러워질 것이다.

◆ 인간관계 속에서 덕이 생겨난다

공자의 위 구절이 재미있는 점은 '덕이 있는 사람을 친구로 두면 자연히 자신의 인격도 연마된다'는 데 있다. 자신에게 인이 갖춰져 있는 게 아니라 다른 사람과의 관계 속에서 인이 연마된다는 사고방식이다. 공자가 '장인이 자신의 도구를 연마해서 솜씨를 향상시킨다'라고 말한 것처럼, 자신의 덕을 연마하려면 우선 인간관계라는 도구를 연마해야 한다. 오래된 친구든 새로 알게 된 사람이든, 인품이 선한 사람을 친구로 두는 것은 자신의 인격을 갈고 닦는 일로 이어진다.

{30}

인간관계의 필수조건은
최소한의 예의

自行束脩以上 吾未嘗無誨焉
자 행 속 수 이 상 오 미 상 무 회 언

한 속의 육포를 들고 와 가르침의 예를 청한 이에게, 나는
한 번도 가르침을 거절한 적이 없다.

※ 옛날에는 누군가를 처음 방문할 때 선물을 들고 가는 게 예의
였는데, 한 속은 육포 10조각을 의미하는 것으로, 스승을 청하는
이에게 가져가기엔 매우 약소한 예물이었다.

◆ 가르치고 배우는 관계를 맺는다

술이편 28장을 보면, 호향이라는 질서가 어지러운 마을에서 한 아이가 찾아와 공자에게 가르침을 청하는 이야기가 나온다. 제자들은 "그런 마을에서 온 사람을 가르치시려는 겁니까?" 하고 당혹스러워했지만, 공자는 분명하게 대답했다. "나는 나를 만나러 온 사람과 이야기를 하려는 것일 뿐, 물러간 뒤의 일은 상관하지 않는다. 자신의 마음을 청결히 하고 나를 만나러 온 것이니 나는 그 청결함을 믿을 뿐이며, 과거의 일에 연연하지 말아야 한다."

공자는 이 아이가 자진해서 찾아온 것을 높이 평가했다. 그래서 지역의 특성을 이유로 선입견을 가지고 내치는 것은 옳지 않은 일이며, 사람이 심신을 정갈히 하고 찾아왔다면 힘이 되어 주겠노라고 한 것이다. 나는 60대라면 적어도 가르침에 있어서 이처럼 열린 마음을 갖기를 권한다.

◆ 예의를 모르는 사람과는 가까이하지 않는다

여기서 배워야 할 또 한 가지가 있다. 인간관계란 최소한의 예의를 갖출 때 순조롭다는 사실이다. 어른이라면 예의를 갖추는 건 당연한 일이지만, 세상에는 그렇지 않은 이상한 사람도 많다. 젊을 때라면 다양한 사람들과 교류하는 것도 좋은 경험이 될 수 있지만 예순 살이 지나면 그런 사람과 가까이할 필요가 없다.

공자가 가벼운 사례로써 육포 한 묶음을 말했지만, 돈 쓰는 데 쩨쩨한 것도 바람직한 일은 아니다. 이를테면 모임에서 모두 식사 비용을 나눠 낼 때가 있는데 계산하기 전에 자신의 몫을 내지 않고 그냥 돌아간다든지, 다른 사람에게 신세를 지는 것을 당연하게 생각하거나 축하 선물을 받고도 감사 인사를 하지 않는 사람이 있다. 사소한 일 같지만 그로 인해 소중한 인간관계를 잃을 수도 있다. 예의를 차리지 않는 사람과는 사귀지 않는 것이 좋으며, 자신 역시 예의를 갖춰 사람을 대해야 함을 잊지 말자.

◆ 다시 한번 배우는 학생이 되어 본다

예순 살쯤 되면 '가르치는 입장'에 서게 되는 일이 많을 것이다. 하지만 노인 대학이나 각종 문화 센터 같은 곳에서는 고령자들이 수업료를 내고 다양한 취미나 과목을 배운다. 그런 식으로 자신을 다시 한번 '배우는 학생의 입장'에 놓는 것도 상당히 좋은 일이다. 강사가 수강생보다 더 젊은 경우도 있을 텐데, 그때는 학생으로서 선생에게 예의를 다하는 것이 중요하다.

　나는 요즘 20대의 젊은 선생에게 첼로를 배우고 있는데, 가르치는 입장일 때와는 또 다른 신선한 즐거움을 맛보고 있다. 무엇보다 선생이 첼로를 켜면 내가 켜고 있는 것과 같은 악기라고는 생각되지 않을 정도로 소리가 완전히 다르다. 존경하지 않을 수 없다. 마음이 한껏 부드러워지는 기분이 든다. 이러한 경험을 통해 사람과 교류하는 데 있어 예의가 중요함을 다시금 실감하고 있다.

4장

세대를 넘어 세상과
소통하기 위한 가르침

{31}

물질적 여유와
즐기는 마음은 별개다 학이편 15장

子貢曰 貧而無諂 富而無驕 何如
자공왈 빈이무첨 부이무교 하여

子曰 可也 未若貧而樂 富而好禮者也
자왈 가야 미약빈이락 부이호례자야

子貢曰 詩云如切如磋 如琢如磨 其斯之謂與
자공왈 시운여절여차 여탁여마 기사지위여

子曰 賜也 始可與言詩已矣 告諸往而知來者
자왈 사야 시가여언시이의 고제왕이지래자

자공이 공자에게 물었다.

"가난해도 아첨하지 않고 부유해도 교만하지 않는 건 어떻습니까?"

공자가 대답했다. "괜찮지. 하지만 가난하면서도 즐길 줄 알고, 부유하면서도 예의를 좋아하는 사람만은 못하구나."

자공이 말했다. "《시경》에 나오는 '절차탁마'라는 구절이 그것을 뜻하는 것입니까?"

공자가 답했다. "사야, 이제 비로소 함께 시에 관해 이야기를 나눌 수 있게 되었구나. 하나를 알려주면 그다음을 아니까 말이다."

※ '절차탁마'는 '옥돌을 자르고, 줄로 쓸고, 끌로 쪼고, 갈아서 빛을 낸다'는 뜻으로, 학문이나 인격을 갈고닦음을 비유하는 데 쓰인다.

◆ 향상심을 가지고 도를 즐긴다

부유하든 가난하든 그런 건 중요한 문제가 아니다. 인생을 즐기는 것이 중요하다. 돈에 대한 불안감이 따라다니는 인생 후반에 공자의 이 말은 마음 든든한 의지가 된다.

◆ 돈보다 중요한 것

'도를 즐긴다'는 것은 향상심을 가지고 무언가에 열중해 인격과 교양을 기르는 것을 즐거움으로 삼는 일이다. 그럴 때 돈이 있고 없고에 지나치게 신경을 쓰면 그 근심으로 마음이 꽉 차 여유를 잃게 되고, 인생의 남은 시간을 헛되이 보낼 수도 있다. 게다가 장년층이 필요 이상으로 돈을 모으는 데 집착하면 세상에 돈이 순환되지 않으니 다음 세대를 힘들게 하는 일이기도 하다.

예전에 한 정치가가 자택 마루 밑에 골드바를 잔뜩 쌓아놓아 세상을 놀라게 한 일이 있는데, 이는 늙어서 추한 모습으로밖에 보이지 않는다. 그렇게 물욕을 부리기보다는 에너지를 쏟아부을 다른 무언가를 찾는 것이 훨씬 더 생산적이다.

내 지인 중에 50대 후반부터 일본의 고유 시 하이쿠와 단카 짓기에 푹 빠져 신문에 시를 투고하는 것을 즐거움으로 삼은 이가 있다. 집 근처를 산책하거나 여행을 다니면서 문득 좋은 글귀가 떠오르면 시 한 편을 짓곤 한다. 자신이 지은 시구가 신문에 게재되면 여기저기 연락해 소식을 전하는데, 얘기를 들은 나 또한 덩달아 즐거워진다. 이렇게 목표를 가지고 있으면 생활에 활기가 돈다. 시 쓰는 일을 계기로 산에 오르고 싶어지기도 하고 꽃의 명소를 찾아가거나 역사의 발자취를 따라 여행을 떠나려는 마음이 생기는 것이다.

◆ **평생 해도 질리지 않는 취미를 갖는다**

장년층은 평생 싫증 내지 않고 계속할 수 있는 취미를 가지는 것이 중요하다. 하지만 활동 그 자체보다는 이를 대하는 마음가짐이 더 중요하다. 예를 들어 서예를 생각해 보자. 서예 학원을 운영하고 있는 서도가 다케다 소운은 처음에는 자신의 글씨를 즐기면시 마음껏 쓰게 한 후 그다음으로 나아갈 수 있도록 지도한다고 한다. 전시회장을 마련해 학생들에게 마음껏 글씨를 써 보라고 하면 모두 무척 신이 나서 열심히 써 오는데, 그렇게 흥미를 느끼고 나면 서예를 대하는 마음이 달라진다는 것이다. 또한 가네다 세키조라는 서도의 대가와 TV프로그램에 함께 출연한 적이 있는데 그때 그는 이렇게 말했다. "글씨의 형태만으로 만족하는 사람은 금방 싫증을 냅니다. 형태가 아니라 선이 살아 있느냐 아니냐에 집중하면 아무리 해도 질리지 않아요." 고작 한 줄의 선이지만 같은 선을 두 번 긋지 않겠다고 정하면, 한 줄의 선이 마치 생물처럼 느껴지며 끝없는 즐거움을 얻을 수 있다는 것이다. 이렇게 똑같은 활동도 어떤 마음으로 하는가에 따라 평생 질리지 않고 즐길 수 있는 취미가 될 수 있다.

{32}

인재를 평가하는
기준은 무엇인가

仲弓 爲季氏宰 問政
중궁 위계씨재 문정

子曰 先有司 赦小過 擧賢才
자왈 선유사 사소과 거현재

曰 焉知賢才而擧之
왈 언지현재이거지

曰 擧爾所知 爾所不知 人其舍諸
왈 거이소지 이소부지 인기사저

중궁이 계씨 가문의 가신이 되어 정치에 대해 묻자 공자가
답했다.

"먼저 실무자에게 본을 보여라. 작은 허물은 용서하고 현
명한 자를 등용해야 한다."

중궁이 "어떻게 하면 현명한 자를 찾아낼 수 있을까요?"

하고 다시 묻자 공자는 이렇게 답했다.

"네 눈에 띄는 사람을 발탁하면 된다. 재능이 있는 인물은 네가 찾아내지 않아도 다른 사람이 분명 추천해 줄 것이다."

◆ 평가의 기준을 확실히 세운다

'작은 허물은 용서하고 우수한 인재를 등용하라'는 기억해 두면 좋은 말이다. 반대로 사소한 실수를 들먹이며 "한 가지를 보면 열 가지를 안다고 했는데 자네가 바로 그럴 거야" 하고 평가를 내리는 일은 피해야 할 일이다. 작은 실수를 너그럽게 감쌀 줄도 알아야 한다.

◆ 평가는 창조이다

니체는 《차라투스트라는 이렇게 말했다》에서 '평가는 창조'라고 말했다. 나도 이 말에 동감한다. 그래서 평소에 수업을 할 때 한 사람 한 사람에게서 어떤 능력을 이끌어 낼 수 있을지 생각하면서 가르치는데, 그렇게 해야 그 재능이 꽃핀다고 믿기 때문이다.

다른 사람을 평가하는 사람은, 평가받는 그 사람이 어느 부분에 가장 힘을 쏟았는지를 꿰뚫어 보고 반드시 그 핵심을 기준으로 올바른 평가를 해야 한다. 특히 청년층을 육성하는 위치에 있는 사람은 평가의 핵심 요소를 확실히 파악해야만 한다. 청년층의 재능을 펼치는 것도 죽이는 것도 평가자의 공정한 시각에 달려 있다.

◆ 어쨌든 칭찬은 중요하다

인간은 칭찬을 받으면 기분이 좋아지고 한층 더 힘을 내 노력하기 마련이다. 미국에서는 작은 일에도 박수를 치면서 "그거 좋네!" 하고 칭찬하는 연습을 한다고 한다. "문제를 잘 해결해서 다행이야", "이렇게 피부가 곱다니 대단하세요", "지금 한 말 참 듣기 좋군요" 등 뭐든지 좋으니 탁탁 손뼉을 마주치면서 자신이 느낀 사실을 칭찬하는 것이다. 그렇게 연습을 거듭하다 보면 주위 사람들과의 관계가 더욱 매끄러워진다. 이는 좀처럼 습관으로 익숙해지지 않는 능력이므로 평소에 연습해 두는 것이 좋다.

상대가 이해할 수 있는
방식으로 말한다

옹야편 19장

中人以上 可以語上也
중 인 이 상 가 이 어 상 야

中人以下 不可以語上也
중 인 이 하 불 가 이 어 상 야

중급 이상인 사람에게는 높은 수준의 내용을 이야기할 수
있지만, 중급 이하인 사람에게는 높은 수준의 내용을 이야
기할 수 없다.

◆ 사람에 따라 이야기하는 방식을 바꾼다

조금 의외라고 생각할지 모르지만, 공자는 누구나 똑같이 대해야 한다고 생각하지 않았다. 《논어》에서도 제자에 따라 이야기하는 내용이 달랐을 정도로, 항상 상대의 수준을 의식했다. 이는 수준이 낮은 사람을 무시하는 것이 아니라 오히려 그 반대이다. 상대가 이해할 수 없는 내용을 줄줄 이야기하기보다는 눈높이에 맞춰 이해할 수 있는 내용으로 전하는 편이 더 친절하다고 보았다.

공자가 중급 이상이라고 한 사람은 '논리가 통하는 상대'라고 인식하면 좋다. 그런 사람이라면 뭔가 분쟁이나 감정의 오해가 있어도 논리적으로 설명함으로써 그 자리의 불온한 분위기를 가라앉힐 수 있다. 하지만 세상에는 중급 이하 즉, 논리력이 부족한 사람이 적지 않다. 그러한 사람은 매사를 받아들이거나 발언할 때 감정적이 되기 쉬우므로 논리적으로는 이쪽이 옳더라도 먼저 감정 처리를 우선시해야 한다.

이렇게 말하긴 좀 그렇지만, 논리가 통하지 않는 상대에게는 아무리 논리적으로 완벽한 이야기를 한들 의미가 없다. 이럴 때는 가능한 한 이야기를 간략하게 해서 알기 쉽게 전달하는 방법도 생각해야 한다.

◆ 신용할 수 있는 사람인가

'중급' 이상과 이하를 구별하는 또 하나의 핵심 기준은 신용할 수 있는 사람인가 아닌가 하는 데 있다. 뭐든지 터놓고 다 이야기하는 사람이 있는데, 상대가 신용할 수 없는 사람이라면 여기저기에 이런저런 얘기를 다 떠들고 다녀서 곤란한 일이 생길 위험이 있다. 특히 비밀 이야기는 상대를 골라 반드시 비밀을 지킬 수 있는 사람에게만 전하도록 주의해야 한다.

상대의 수준과 신뢰도에 따라 다르게 대해야 한다고 생각하면, 오히려 인간관계가 편해진다. 상대의 수준과 유형을 살펴보고 할 말을 유연하게 가리도록 하자. 이 또한 친절이며, 자신의 유연성을 유지하는 연습도 된다.

34

허물없는 친구의
범위를 늘린다

술이편 23장

二三子以我爲隱乎 吾無隱乎爾
이 삼 자 이 아 위 은 호   오 무 은 호 이

吾無行而不與二三子者 是丘也
오 무 행 이 불 여 이 삼 자 자   시 구 야

자네들은 내가 숨기는 일이 있다고 생각하는가. 나는 숨기는 것이 아무것도 없다. 내 행동은 모두 자네들과 함께하고 있으니, 그런 사람이 바로 나이다.

◆ 몸도 마음도 다 열어 놓을 수 있는 친구

공자가 제자들에게 '숨기는 것이 없다'고 말한 것은 아마도 진짜일 것이다. 함께 여러 나라를 방랑했기 때문에, 제자들 몰래 색을 탐한다거나 뒷돈을 챙기고서 숨기는 일은 불가능했을 것이다. 물론 공자는 그렇게 할 수 있는 상황이었더라도 숨길 만한 일은 하지 않았을 테지만 말이다.

숨기는 일 없이 터놓을 수 있다는 것은 '어디서 누가 보더라도 부끄럽지 않다'는 자신감을 가지고 사람을 대할 수 있다는 뜻이다. 게다가 공자처럼 함께 행동할 젊은 친구가 있으면 그보다 더 행복한 일은 없을 것이다.

◆ 공통점을 둔 친구를 다양하게 사귄다

아무래도 퇴직하고 나면 사람들과의 교류가 급격히 줄어들기 마련이므로 '문득 깨닫고 보니 외톨이였다' 하는 상황이 얼마든지 생길 수 있다. 그렇게 되지 않게 하는 바람직한 방법은, 가능하면 50대 후반쯤부터 친구를 만들려고 의식해 행동하는 일이다. 술 친구나 골프 친구, 노래방 친구, 낚시 친구, 여행 친구 등 함께 놀 수 있는 허물없는 친구가 있으면 인생이 더욱 즐겁고 풍요로워지지 않을까. 동년배 친구들뿐만 아니라 젊은 세대와도 친구가 될 수 있으면 더욱 좋다.

◆ 몸의 긴장을 풀어 열린 마음을 만든다

허물없는 친구의 범위를 늘리려면 무엇보다 열린 마음
이 필요하다. 조금 다른 얘기이긴 하지만 내가 계속해 주
장해 온 '신체론'의 관점에서 말하자면, 몸의 긴장을 풀어
야 열린 마음이 될 수 있다. 무릎을 굽혔다 펴면서 가볍게
점프하거나 혹은 몸을 위아래로 흔들면서 후후 하고 숨을
내뱉는 훈련이 효과적이다. 그렇게 하면 몸이 풀어지고 그
와 동시에 기분도 덩달아 가벼워진다. 나는 이 가벼운 점
프를 하루에 열 번 넘게 실행하고 있다. 화장실에 갈 때도
좋고, 언제나 몸을 풀어 주는 느낌으로 움직이는데 이때는
초등학생의 몸으로 돌아가는 이미지를 떠올리곤 한다.

나이가 들면서 외고집이 된다거나 그다지 웃지 않게 되
는 까닭은 사실 몸이 딱딱하게 굳은 데 하나의 원인이 있
다. 하루에 몇 번이든 생각날 때마다 몸을 가볍게 위아래
로 움직이는 동작을 실행하려고 애써 보자. 몸도 마음도
열리게 될 것이다.

35

다른 사람의 장점을 찾아 발전시키는 법

안연편 16장

君子成人之美 不成人之惡 小人反是
군 자 성 인 지 미 불 성 인 지 악 소 인 반 시

군자는 남의 장점은 성장시키고, 나쁜 점은 바로잡아 없앤다. 소인은 이와 정반대이다.

◆ 차세대의 장점을 발견한다

60세부터는 군자의 삶을 목표로 하면 좋을 것이다. 군자라고 하면 청렴결백하고 욕심이 없는 사람이라는 이미지가 강할지도 모르지만, 공자가 말하는 군자는 조금 더 적극적인 인간관계의 기술을 가지고 있다. 인격뿐만이 아니라 실제 행동의 차이에도 주목하고 있기 때문이다. 위의 구절에서는 '차세대와 군자처럼 교류하는 방법'에 대한 힌트를 읽어 낼 수 있다.

◆ 장점을 향상시키고 단점을 축소시킨다

남의 장점을 칭찬해 향상시킨다는 공자의 말은 다른 사람의 장점을 이끌어 낸다는 것을 의미한다. 사람에게는 각자 잘하고 못하는 게 있기 마련이다. 교사 중에도 실제로 수업하는 건 너무나 좋아하고 능숙하게 잘하지만 시험 문제를 내는 일은 어려워해 고민하고 주눅드는 사람이 있다. 그런 사람에게 상사가 "수업이 아주 훌륭하군요" 하고 격려하면, 더 적극적으로 수업에 힘을 쏟게 되고, 어느 사이엔가 그렇게 고통스럽기만 하던 시험 문제 출제마저 그다지 부담스럽지 않게 느낀다. 그런 식으로 청년층의 장점과 특기를 칭찬해 향상시키고 단점이나 부족한 부분을 줄여 나갈 수 있게 이끌어 주는 것이 군자의 지도 방식이다. 반면에 소인은 단점을 지적해 고치도록 요구만 하는 방식으로 지도한다. 그러면 청년층은 점점 자신감을 잃고 위축되어, 있던 장점마저도 발휘할 수 없게 된다.

예순 살 정도가 되면 남의 부족한 점을 지적하기보다는 좋은 점을 확장시켜 주는 역할을 해야 한다. 그 점을 청년층과 맺는 인간관계의 기본으로 삼자.

◆ 어떤 일을 할 때 지치지 않는다면 강점이라는 증거

장점을 판별하는 한 가지 핵심 요소는 '그 사람이 어떤 일을 할 때 얼마나 지치지 않는가'에 있다. 미야자와 겐지의 시 〈학생들에게 전함〉에 이런 구절이 나온다. '최근 4년이 내게는 얼마나 즐거웠는지, 나는 매일 새처럼 교실에서 노래하며 지냈다. 맹세컨대 나는 이 일을 하면서 피로를 느낀 적이 없다.'

어떤 일을 할 때 이런 감정을 느꼈다면 그것은 틀림없이 그 사람의 강점이다. 그러한 강점을 찾아냈다면 이번에는 '소질이 있다', '감각이 좋다'는 말로 칭찬해 주자. 그러면 청년층은 의욕이 솟아나서 점점 실력을 발휘해 성장해 나갈 것이다.

상하 관계를
원만하게 하는
두 가지 비결

헌문편 8장

愛之 能勿勞乎 忠焉 能勿誨乎
애 지 능 물 로 호 충 언 능 물 회 호

사랑한다면 훌륭한 인물로 키우기 위해 수고롭게 하지 않을 수 없다. 충성한다면 문제가 있을 때 진언하지 않을 수 없다.

◆ 아래로는 로勞, 위로는 충忠

공자는 위 구절에서 아랫사람을 지도할 때는 '로勞', 윗사람에게 진언할 때는 '충忠'이 중요하다는 것을 보여 주고 있다. 단지 두 글자이지만 회사에서도 가정에서도 상하 관계를 원활하게 하는 데 유용한 가르침이다.

◆ 치하하면 피로가 감소한다

로勞에는 두 가지 의미가 있는데, 한 가지는 '치하하는' 일이다. 최근에는 성과를 축하하면서 수고했다고 치하하는 회식이나, 프로젝트가 끝난 뒤 뒤풀이로 하는 술자리가 줄어들었지만, 그런 때일수록 상사는 더욱 신경 써서 부하직원을 치하하고 격려할 기회를 만드는 것이 좋다. 뭔가 한 가지 일을 끝냈을 때 "힘들었지? 고생 많았어" 하고 치하하거나 조그만 포상을 주는 식으로 배려하면 이는 그 후의 의욕과 사기를 불러일으키는 데도 좋은 영향을 미칠 것이다.

로勞의 또 하나의 의미는 '수고, 노고'이다. '소중한 자식은 여행을 떠나보내라' 하는 말이 있듯이 그런 맥락에서 장래성이 있는 부하에게 약간 어려운 과제를 주면 분명 능력을 끌어올릴 수 있다.

나도 소중한 학생들에게 매주 "인터넷 등 정보 기구를 사용한 수업 계획을 생각해 오세요"라든가 "모형을 활용한 수업이나 플랜을 짜 오세요" 하고 꽤 추상적이고 어려운 과제를 낸다. 심지어 전원이 발표하는 방식으로 진행하고 잘한 사람에게 투표하도록 하는데, 그러면 학생들은 매주 상당한 부담감을 지니고 준비를 해온다. 그렇게 조금 더 고생이 되는 과제를 시킨 후, 잘했을 때 칭찬하는 방식으로 과제를 되풀이하는 동안, 학생들의 능력은 점차 향상된다.

◆ 단정 짓지 말고 말투에 유의한다

충忠이라는 글자에도 두 가지 의미가 있다. '진심을 다해 가르쳐라' 하는 의미이기도 하고 '상사에게 아부하지 말고 확실히 의견을 말하라' 하는 의미로도 쓰인다.

어느 쪽이든 간에 중요한 것은 말하는 방식에 유의해야 한다는 점이다. 무조건 비판할 게 아니라 우선 전체적으로 칭찬하고 난 뒤에 '다만 이 부분을 조금만 바꾸면 훨씬 나아질 것'이라고 긍정적으로 개선점을 제시하는 방법이 바람직하다. 누구에게든 듣기 거북한 말을 할 때는 '칭찬-직언-칭찬'의 샌드위치 방식이 가장 좋다.

나에게는 엄격하게,
타인에게는 관대하게

위령공편 14장

躬自厚而薄責於人 則遠怨矣
궁 자 후 이 박 책 어 인 즉 원 원 의

자신의 잘못에는 엄격하고 타인의 잘못에는 관대하라. 그
러면 남에게 원망을 들을 일이 없다.

◆ 인품이 넉넉한 어른이 되기를 추구한다

40대까지는 대부분이 '경쟁 사회에서 살아남아야 한다'는 강한 의지를 품고 일하지만, 60대가 되어 정년을 맞이하면 이제는 치열한 경쟁 무대에서 내려오기 시작한다. 하지만 일의 성격이나 사람의 의지에 따라 정년이 지나서도 현장에서 계속 일하는 경우도 있고, 꼭 일이 아니더라도 특정 단체나 조직에 소속되어 사회 활동을 하는 경우도 많다. 이때 명심해야 할 점은 청년층을 엄하게 지도하는 역할은 40대와 50대에게 맡기고 자신은 될 수 있는 한 관대해야 한다는 사실이다. 어느 정도 지긋한 나이가 되어서도 청년층에게 핏대를 세운다거나 뭔가 문제가 일어났을 때 책임을 회피하는 행동은 그다지 보기 좋은 모습이 아니다. 주위 사람들에게 "성격이 둥글둥글해졌네", "도량이 넓군요" 하는 말을 듣는 어른이 되려고 애써야 한다.

{38}

칭찬에는 반드시
근거가 필요하다

吾之於人也 誰毁誰譽 如有所譽者
오 지 어 인 야   수 훼 수 예   여 유 소 예 자

其有所試矣
기 유 소 시 의

나는 다른 사람을 나쁘게 말하지도 칭찬하지도 않는다. 만
약 칭찬하는 일이 있다면 일찍이 시험해 본 까닭이다.

◆ 칭찬에도 근거가 필요하다

칭찬이 세상을 밝게 한다는 것이 나의 지론이지만, 무턱대고 칭찬을 하는 것은 의미가 없다. 그저 사탕발림이나 아첨일 뿐이다. 공자가 말했듯이, 확실한 근거가 있을 때 칭찬하는 것이 중요하다. 이는 다시 말해, 평가가 공정해야 한다는 뜻이다. 특히 60세가 넘어서도 여전히 개인적인 좋고 싫음을 기준으로 사람을 평가한다면 인격적으로 부족하다고 할 수 있으며 나이에 걸맞는 성숙함이 결여되어 있다고 의심하게 된다.

◆ 차별 의식을 가지고 있지는 않은가

차세대를 평가하는 일에 대해서, 후쿠자와 유키치를 좋은 사례로 꼽을 수 있다. 후쿠자와 유키치는 남존여비, 장남 편중주의 시대에도 4남 5녀의 아홉 자녀를 차별하지 않고 키웠다. 그의 저서 《후쿠옹자전》에는 이런 말이 나온다.

'4남 5녀의 아들과 딸에 차이가 있을 리 없다. (중략) 딸이라서 뭐가 나쁜가, 나는 아홉 아이가 모두 딸이라도 조금도 아쉽지 않다. (중략) 아들이든 딸이든, 큰애든 작은애든 진심으로 그들을 사랑하고 털끝만큼도 차별을 두지

않는다.'

또한 후쿠자와 유키치는 에도시대 중기부터 여성의 교육에 사용된 교과서 《여자대학》에 나온 '여자는 어릴 때는 부모를 따르고 결혼하면 남편을 따르고 늙어서는 아들을 따른다'라는 사고를 철저히 비판한 사람이기도 하다. 여성이라고 해서 남성을 따라야만 하는 건 이상하다며 남녀평등권을 주장했다.

메이지 시대에 후쿠자와 유키치만큼 공정한 사람은 드물 것이다. 지금도 세상에는 성차별뿐만 아니라 인종적, 민족적 편견 등 한층 뿌리 깊은 차별이 존재하는데 그것은 결코 있어서는 안 될 일이다. 장년층은 시대적으로 이러한 차별 의식의 영향을 받은 세대이므로 더욱더 자신에게 묘한 편견이나 선입견이 없는지를 자문해 보고, 될 수 있는 한 사람 그 자체를 보고 판단할 수 있도록 유의해야 한다.

◆ 자신의 생각과 감정을 넣지 않는 것이 중요

좋은 것은 좋고 나쁜 것은 나쁘다. 어떤 일이든 시시비비를 가려 판단하려면 자신을 계산에 넣지 않으려고 의식하는 것이 좋다. 자신을 생각과 감정에 끌어넣으면 자신

60대를 위한 논어

의 성향이나 좋고 싫음의 기호를 우선하게 되므로 객관성
과 공정성을 유지하기 어렵다. 나이가 들수록 공정함은
인품을 높이는 중요한 요소이다.

가르칠 때는
차별을 두지 않는다 위령공편 38장

有教無類
유 교 무 류

가르칠 때는 차별을 두지 않는다.

◆ **차세대에 남겨야 할 기본적인 틀을 생각한다**

'사람마다 능력은 천차만별이지만 누구나 교육을 받으면 훌륭한 인간이 될 수 있다.' 공자의 이러한 사고관은 교육의 핵심이라고도 말할 수 있다. 차세대를 교육하는 사람은 우선 그러한 확신을 가지고 지도와 육성에 임해야 한다. 그런 뒤에 능력을 발전시키기 위한 방법을 모색하는 것이 중요하다.

◆ **보편적인 교육 프로그램을 도입한다**

가장 중요한 사항은 교육받는 사람의 유형이나 능력과는 관계없이, 누구에게나 유익한 '기본 형식'을 철저히 가르치는 일이다. 기본 형식이란 이를테면, "구구단을 외자", "모두 함께 이러한 동작을 해 보자"와 같이, 무언가를 익히기 위한 기본 틀을 의미한다.

이러한 기본적인 틀을 몸에 익히면 센스나 능력이 없는 사람도 일정한 수준까지 능력을 향상시킬 수 있다. 문제는 틀이나 형식을 설정하기가 어렵다는 점이다. 잘못된 형식의 커리큘럼으로 가르치면 역효과가 일어나기 때문이다. 게다가 현대는 인터넷이나 애플리케이션 등 다양하고 새로운 학습 방법이 나오고 있으므로, 그것들을 어떻게 활용할지도 고려해야만 한다. 상황에 대응하면서 동시에 기본적인 형식을 가르치려면 어떻게 해야 좋을지를 고민해야 하는 것이다.

◆ 각자에게 맞는 경로를 제시한다

가르치는 사람이 생각해야 할 또 한 가지는, 사람에 따라 다른 '성장 포인트'를 연구하는 일이다. 영어 학습을 예로 들면, 귀로 들어서 실력이 느는 사람, 단어를 대량으로 외우면서 공부해야 실력이 느는 사람, 영문 해석부터 시켜야 잘하는 사람 등 각자 특화된 분야가 다르다. 그러므로 사람마다 잘하고 못하는 분야에 맞춰 능력을 향상시키는 방법 또한 다양해야 한다.

각 개인에게 맞는 방법을 모색할 수 있다면 '교육에는 차별이 없다'는 결론에 도달할 수 있다.

이때는 '하나의 산을 오르는 데도 여러 경로가 있다'는 사실을 기억해 적합한 길을 제시하고, '너는 이 길로 가는 기본 틀을 익혀라' 하는 식으로 지도하면 좋을 것이다. 그러기 위해서는 가르치는 역할을 맡은 자신의 사고도 유연해야 한다.

◆ 한 가지 경로를 관철하는 방법도 있다

한편으로는 '나는 이것만은 끝까지 말하고 죽겠다'와 같은 신념도 필요하다고 본다. 나 또한 교육 방법을 다양하게 개발하는 시도를 계속하고 있지만, 누구에게나 통용되는 '기본 틀'로써 고집스럽게 계속 말하는 것들도 분명 있다.

가장 대표적인 원칙이 '고전에 나오는 훌륭한 문장을 소리 내서 읽는다. 언어 능력을 향상시키는 가장 좋은 방법은 음독이다'라는 것과 '평소 학습할 때는 빨강, 파랑, 초록의 삼색 볼펜 방식을 활용하자'라는 것이다.

단순하게 응용할 수 있는 하나의 틀이 있다면 그것을 끝까지 관철하는 방법도 나쁘지 않다. 그런 의미에서 '자신이 차세대에 남길 수 있는 틀은 무엇일까?'를 한번 생각해 보자.

아랫사람에게
신뢰받고 있는가
안연편 7장

子貢問政 子曰 足食 足兵 民信之矣
자 공 문 정　자 왈　족 식　족 병　민 신 지 의

子貢曰 必不得已而去 於斯三者何先
자 공 왈　필 부 득 이 이 거　어 사 삼 자 하 선

曰 去兵
왈　거 병

子貢曰 必不得已而去 於斯二者何先
자 공 왈　필 부 득 이 이 거　어 사 이 자 하 선

曰 去食 自古皆有死 民無信不立
왈　거 식　자 고 개 유 사　민 무 신 불 립

자공이 정치가 무엇인지 물으니 공자가 대답했다. "백성이
먹을 것을 풍족하게 하고 군대를 튼튼하게 갖추고 백성의
신뢰를 얻을 수 있도록 노력하는 일이다."

자공이 물었다. "부득이하게 이 세 가지 중 어느 한 가지를 포기해야 한다면 어느 것을 골라야 합니까?" 이에 공자는 군대라고 답했다.

다시 자공이 남은 두 가지 중에서 어쩔 수 없이 포기해야 한다면 어느 쪽인지 물으니, 공자는 말했다. "먹는 것이다. 누구에게나 죽음은 불가피하게 찾아온다. 하지만 백성에게 신뢰가 없다면 바로 설 수가 없다."

◆ 아랫사람에게 신뢰받고 있는지 자문한다

공자는 감수성이 풍부한 문학적인 인물이라기보다는 정치 및 경제 문제를 파고든 실리적인 인물이다. 공자는 제자들을, 오늘날의 행정으로 말하자면 총리나 사무차관이 될 인재로서 육성하는 데 목적을 두었다. 인격을 연마하라고 가르친 것은 그 일환이다. 그러다 보니 제자들이 자주 정치가의 마음가짐에 대해 물었는데, 이때 공자는 식食, 병兵, 신信 이 세 가지를 충족시키는 것이 중요하다고 강조했다.

그렇다면 오늘날의 우리는 과연 어떨까. 공자가 가장 중요하다고 설파한 것은 신뢰이지만, 과연 지금의 정치가들이 국민에게 신뢰받고 있는가 하는 점에서 커다란 의문이 든다.

◆ 조직이 제 기능을 하려면

회사 등의 조직도 마찬가지다. 아랫사람이 윗사람을 신뢰해야 비로소 조직이 제대로 기능하기 마련이다. 차세대를 이끌려면 윗세대인 60대들은 항상 '나는 아랫사람들에게 신뢰받고 있는가'를 자문해야 한다.

이를테면, 실수가 생겼을 때 부하가 상사에게 바로 보

고하지 않은 탓에 문제가 더욱 커지는 일이 자주 있다. 이런 일이 일어나는 까닭은 부하가 상사를 신뢰하지 못하기 때문이다.

'상사가 덮어놓고 화만 낼 뿐 적절한 대책을 세워 주지 못한다', '상사는 책임을 회피할 게 분명하니까 내 인사고과만 낮아질 뿐이다' 하는 생각에, 부하직원은 어떻게든 실수를 숨기려 한다. 이런 식으로 상사에 대한 신뢰가 낮으면 상사는 부하에게서 정보를 얻기가 힘들어진다. 조직에서는 가장 무서운 일이다. 상사는 부하에게 "뭐든지 가감 없이 얘기해. 책임은 내가 질 테니" 하고 신뢰할 수 있는 상황을 만들어야 한다. 부하의 신뢰 없이는 일을 제대로 해나갈 수 없다는 사실을 명심하자.

5장

행복한 군자가 되기 위해 알아야 할 가르침

승패를 겨루되
다투지 않는다

君子無所爭 必也射乎 揖讓而升
군 자 무 소 쟁 필 야 사 호 읍 양 이 승

下而飲 其爭也君子
하 이 음 기 쟁 야 군 자

군자는 다투지 않으니, 다툴 일이 있다면 활쏘기뿐이다. 상대와 인사를 나누고 차례로 올라간다. 경기가 끝나면 패자는 내려와 술을 마신다. 이러한 다툼이 군자답다.

◆ 승패를 넘어선 즐거움을 찾는다

젊을 때는 일이든 뭐든 승패를 겨루는 상황이 많다. 그러한 경쟁이 발전할 수 있는 에너지가 되는 것은 맞지만, 군자를 추구한다면 경쟁하되 다투지 않는 마음가짐이 필요하다.

◆ 패해도 기분 좋게

프로 골퍼인 요코미네 사쿠라 씨에게 들은 얘기다. 그의 작은아버지는 '모든 아이가 천재다'라는 이념 아래 어린이집을 경영하고 있는데, 그중에서도 중시하는 것이 경쟁이라고 한다. 아이들은 쉬운 일을 해내면 그다지 기뻐하지 않는다. 오히려 어려운 일에 도전하거나 친구들과 서로 자극하고 경쟁할 때 굉장히 의욕을 불태운다고 한다.

이러한 현상은 어른도 마찬가지다. 골프를 칠 때도 점심 내기를 한다거나 뭔가 승패를 겨루는 요소를 만들면 그냥 칠 때보다도 훨씬 즐거워진다. 따라서 승패를 겨루는 일 자체가 나쁜 것은 아니다. 공자도 활쏘기 의례를 예로 들어 설명하면서 승부를 겨룰 때는 예의를 갖추고 이기든 지든 서로 즐겁게 끝내는 모습이 군자다운 일이라고 평했다.

패배했을 때 화를 낸다거나 언짢아해서는 군자답다고 말할 수 없다. 승부에 집착하지 말고, 어떤 결과가 나오든 좋은 기분으로 받아들일 줄 알아야 한다.

◆ 군자다운 즐거움을 찾는 방법

다행히 예순이 넘어가면 이런 승패에 집착하는 마음이 많이 누그러진다. 경쟁에서 이기거나 성공했다고 해서, 병이나 죽음이 늦게 찾아오는 것도 아니니 말이다. 60대 정도가 되면 인생의 행복이 이런 승패에 있는 게 아니라는 사실을 실감하게 된다.

중요한 것은 자신의 마음이 풍성해지는 즐거움을 찾는 일이다. 일상에서 만나는 소소한 일에서 즐거움을 찾아낼 수 있다면 마음이 훨씬 따뜻해질 것이다.

{42}

앞으로의 지위와
역할을 계획한다

不患無位 患所以立 不患莫己知
불 환 무 위　환 소 이 립　불 환 막 기 지

求爲可知也
구 위 가 지 야

지위가 없음을 한탄하지 말고 지위를 얻는 데 필요한 역량이 있는지를 걱정하라. 자신을 알아주는 사람이 없음을 걱정하지 말고, 알려질 만한 사람이 되기를 노력하라.

◆ 지금까지의 인생을 수용한다

공자는 2500여 년의 세월이 지나서까지 세상에 널리 알려진 인물이다. 하지만 살아 있는 동안에는 충분히 인정받지 못했다. 관직에 오르지 못한 시기가 길었고 자신의 능력을 발휘할 자리나 지위를 좀처럼 얻지 못했다. 필시 공자 자신도 인정받지 못하는 데 대한 불만은 있었을 것이다. 이 말은 그런 마음을 극복하려는 의지로 생각된다.

◆ 이미 분하게 여긴들 소용없다

지위란 기본적으로 다른 사람이 매긴 평가이다. 그 판단 기준에는 모호한 점이 있어서, 능력이 지위에 반드시 반영되는 것은 아니다. 공자의 표현을 빌려 말한다면 '자신에게 능력이 없음을 고민해라'라고 생각할 수 있지만, 이제 더 이상 젊지 않은 60대는 아무리 신경을 쓰고 고민해 봐야 어쩔 수 없는 면도 있다.

이때는 공자의 이 말을, 사람들에게 인정받을 수 있는 일을 하라는 격려라기보다는 '해야 할 일을 해 왔다면 원하는 지위를 얻지 못한다 해도 이제 괜찮지 않은가. 과거를 받아들여라' 하는 메시지로 인식하면 좋을 것이다.

가장 볼썽사나운 일은 인정받지 못한 일을 언제까지고

곱씹으며 불평하는 모습이다. 듣는 사람도 괴로울 뿐만 아니라 절대 군자답다고 할 수 없다. 남은 시간을 생각하면, 이제는 '나는 착실히 일해 왔다. 부끄러운 점은 하나도 없다' 하는 생각으로 과거를 긍정하고 수용해야 한다. 긍정하는 힘이 핵심이다.

◆ 앞으로의 목표를 새로 설정한다

이렇게 지금까지의 일을 수용한 뒤에, 그다음으로 필요한 것은 앞으로 살아가는 데 있어 추구해야 할 목표를 새로 설정하는 일이다. 60대는 정년퇴직 등으로 사회와의 관계성이 변화하고 주위에서 인정받던 지위도 사라지기 때문이다.

퇴직 후의 생활을 직시하면서, 가령 가족에게 걸리적거리지 않고 도움을 줄 수 있는 역할을 확보해야겠다든가 지금까지는 관여하지 않았던 지역 사회에 공헌할 방법을 찾는다든가 하는 식으로 새로운 목표를 세우는 것이 좋다.

앞으로는 가정과 지역에서의 역할이 중요하다. 새로운 자리에서 인정받을 수 있는지의 관점에서 자신의 지위를 다시금 파악해 보자.

나이에 얽매이지 않고
배우는 태도

이인편 17장

見賢思齊焉 見不賢而內自省也
견 현 사 제 언 견 불 현 이 내 자 성 야

현명한 사람을 만나면 그를 본받으려 하고, 현명하지 못한
사람을 보면 자신을 돌아봐야 한다.

◆ 모든 부분에서 자신의 스승을 찾는다

술이편 21장에도 이와 비슷한 말이 있다. '삼인행필유 아사언 택기선자이종지 기불선자이개지三人行必有我師焉 擇其 善者而從之 其不善者而改之.' 해석하자면, '세 사람이 길을 가면 그중에 반드시 나의 스승이 있다. 선한 자를 골라 따르고, 선하지 못한 자를 보며 나를 바로잡는다'는 의미다. 자신 보다 뛰어난 사람에게도 열등한 사람에게도 배울 점은 있 다는 뜻이다.

◆ 상대가 잘하는 것을 조정해서 맞춘다

누구에게서건 아무것도 배울 수 없다면 하루하루가 시 시할 게 분명하다. 친구들과 뭔가 취미나 스포츠를 즐길 때조차, 자신의 실력이 가장 뛰어나 변화가 없다면 점점 의욕이 시들해지고 따분해진다.

학창 시절에 나는 테니스 동아리에서 활동했는데, 동아 리 내에서 나보다 잘하는 부원이 하나도 없었다. 그래서 '동아리 내에서는 누구에게도 지지 않지만, 각자의 기술 로 보면 나보다 잘하는 사람은 분명 있다. 내가 잘하지 못 하는 것과 다른 학생들의 각 기술을 접목해 새로이 배울 수 있는 부분을 찾아야겠다' 하고 생각했던 기억이 난다.

이렇게 자신에게 부족한 점과 상대가 잘하는 점을 융합해서 배울 점을 찾아낸다면, 상당히 흥미로운 자극이 된다.

◆ 나이의 많고 적음에 얽매이지 않는다

나이가 들면 자신보다 어린 사람에게 무언가를 배우는 데 거부감을 느낄지도 모른다. 그렇게 해서 자신을 윗사람으로 의식한다면 결국 자신에게 손해일 뿐이다. 상대가 젊은 세대라면 나이 든 자신에게는 없는 좋은 점을 갖고 있을 게 분명하기 때문이다.

가령 그 사람이 컴퓨터나 스마트폰의 기능을 다양하게 활용한다든가 지금 유행하는 것을 잘 안다면, 자신이 잘 모르는 일에 대해 적극적으로 배우는 것이 좋다. '요즘 젊은 애들이 하는 건 하나도 모르겠어' 하고 푸념만 하고 있다가는 인간관계도 즐거움도 점차 범위가 좁아질 뿐이다. '이것에 관해서는 저 친구를 스승으로 삼아야지' 하는 식으로, 목적에 따라 스승을 정해 행동하고 배우면 좋을 것이다.

나는 어떤 유형의
사람인가

知者樂水 仁者樂山 知者動 仁者靜
지 자 요 수 인 자 요 산 지 자 동 인 자 정

知者樂 仁者壽
지 자 락 인 자 수

지자知者는 물을 좋아하고 인자仁者는 산을 좋아하니, 지자
는 동적이고 인자는 정적이다. 이에 지자는 즐겁게 인생을
즐기고 인자는 평안한 마음으로 장수한다.

◆ 자신의 성격 유형을 안다

공자는 지자知者와 인자仁者, 두 종류의 유형으로 나눠 각각의 좋은 점을 이야기하고 있다. 어느 쪽이 좋고 나쁜 게 아니니, 자신은 어떤 유형일까 자문해 보고 인생의 후반기를 어떻게 즐기며 살아갈 것인지를 구상해 보면 좋을 것이다.

◆ 자신이 좋아하는 것과 더불어 살아간다

불교에서는 모든 물질적인 존재를 구성하는 요소를 땅, 물, 불, 바람으로 나누고, 이를 '지수화풍地水火風'이라고 부른다. 지수화풍의 네 가지 요소 가운데 자신이 어디에 해당하는지를 생각해 보는 것도 재미있다.

나는 시민대학 등에서 강의를 할 때 학생들에게 이것을 생각해 보라고 하는데, 이때 자신이 어떤 유형인지만을 생각할 게 아니라, 다른 사람에게 어떻게 보일지도 더불어 살펴보게 한다. 이 경우 지地는 듬직한 산이나 바위와 같은 것, 수水는 바다, 강, 호수, 폭포와 같이 흐르는 것, 화火는 격렬한 것이나 따뜻한 것, 풍風은 실체가 없이 변천해 가는 것이라고 할 수 있다. 가능한 한 구체적인 이미지를 떠올리며 생각해 보자.

흥미로운 것은 스스로 생각하는 자신의 유형과 다른 사

람이 보는 자신의 이미지가 서로 다르다는 사실이다. 나는 흐르는 강물을 바라보기를 좋아해서 스스로 물 유형이라고 생각했지만, 학생들에게 물어보니 내가 바람이라는 대답이 돌아왔다. 교실에 들어선 순간부터 거침없이 이야기를 쏟아 내고 쓱 사라지는, 그런 이미지가 있는 모양이다.

지수화풍의 4대 요소는 인간이 지닌 상상력의 기본에 존재한다. 프랑스의 철학자 가스통 바슐라르는 '불의 상상력'이나 '물의 상상력' 등 하나하나를 주제로 책(국내에도 《불의 정신분석》이나 《물과 꿈》 등 여러 도서가 출간되었다-역주)을 썼을 정도이다.

지수화풍 담론은 스스로는 미처 깨닫지 못하는 자신의 일면을 알 수 있는 계기가 되어 준다. 자신이 좋아하는 것은 무엇인지를 생각하고 좋아하는 것과 더불어 살아가는 삶을 추구해 보자.

평온하고
느긋한 태도를 기른다 <small>술이편 36장</small>

君子坦蕩蕩 小人長戚戚
군 자 탄 탕 탕   소 인 장 척 척

군자는 마음이 평온하고 느긋하며 소인은 항상 걱정스러
워한다.

◆ 평온하고 너그럽게 살아간다

공자는 군자란 어떠해야 하는지 자주 이야기했는데, 그 중 하나가 스스로의 심신을 잘 다스려 균형 있는 삶을 추구한다는 것이다. 이를 현대의학의 관점에서 말하자면, 군자란 마음의 긴장을 풀어 주는 부교감신경과 흥분 상태를 유지하는 교감신경이 균형을 이루는 사람이라 할 수 있다.

◆ 호흡법으로 군자의 신체 감각을 익힌다

나는 젊을 때 확실히 소인에 가까웠다. 무언가에 꽂히면 지나치게 생각에 골몰하는 경향이 있었고, 늘 신경이 곤두서 있었다. 그래서 자율신경의 균형을 맞추려고 줄곧 호흡법을 실천해 왔다. 한마디로 신체를 바꿈으로써 정신의 균형을 이루려고 했던 것이다.

호흡법이라고 해도 그렇게 어렵지 않다. 숨을 느슨하고 길게 내뱉기만 하면 된다. 코로 3초간 들이마시고 2초 유지했다가 10~15초 동안 천천히 입으로 토해 낸다. 짜증이 나거나 속 타는 일이 있을 때는 "후우" 하고 가늘고 길게 숨을 토해 내고, "뭐, 잘되겠지!" 하고 말하면서 기지개를 켠다. 그것만으로 호흡이 깊어져 평온한 신체 감각을 익힐 수 있다.

◆ 군자의 호흡은 깊다

이에 관해서는 장자가 같은 말을 했다. '진인지식이종
중인지식이후 人之息以踵 衆人之息以喉.' 해석하자면 진인은 발
뒤꿈치로 호흡하지만 중인은 목구멍으로 호흡한다는 뜻
이다. 진인, 즉 도리를 깨우친 사람은 순경과 역경 그 어
떤 때에도 마음을 어지럽히지 않고 깊이 호흡한다. 이를
현대의학적으로 말하면, 교감신경 우위인 시간이 너무 많
으면 몸의 긴장 상태가 계속되어 지치기 쉽고, 부교감신
경 우위인 시간이 지속되면 몸이 나른해져 컨디션이 나빠
진다. 자율신경의 균형을 맞추면서 느긋하고 평온하게 살
아가는 것이야말로 앞으로의 인생에서 중요한 요소라고
할 수 있다.

46

군자는 결코 흐트러지지 않는다

위령공편 1장

在陳絶糧 從者病 莫能興
재 진 절 량 종 자 병 막 능 흥

子路愠見曰 君子亦有窮乎
자 로 온 현 왈 군 자 역 유 궁 호

子曰 君子固窮 小人窮斯濫矣
자 왈 군 자 고 궁 소 인 궁 사 람 의

진나라에 있는 동안 식량이 떨어지니 따르던 사람들이 굶주려 일어나지도 못했다. 자로가 화가 나 "군자도 이토록 곤궁할 수 있습니까?" 하고 묻자 공자는 이렇게 대답했다. "군자는 곤궁함에도 흐트러지지 않지만, 소인은 곤궁하면 어리석은 일을 저지른다."

◆ 곤경에 처해도 흐트러지지 않는 것이 군자

뛰어난 인물이라고 해서 곤경에 빠지는 일이 없는 것은 아니다. 이때 공자는 군자인지 소인인지를 구분 짓는 경계선은 곤경에 처했을 때 흐트러지는가 그렇지 않은가에 있다고 말한다. 곤경에 맞부딪혔을 때 이 말을 기억해 두면 마음을 안정시킬 수 있다.

또한 '곤경'은 '스트레스'라는 말로 바꿔도 좋다. 스트레스는 언제나 있기 마련이다. 하지만 스트레스가 있어도 마음이 흐트러지지 않는 것이 바로 군자의 모습이다.

47

최상의 덕은 중용이다

中庸之爲德也其至矣乎 民鮮 久矣
중 용 지 위 덕 야 기 지 의 호　민 선 　구 의

중용은 최상의 덕이다. 하지만 아쉽게도 사람들은 중용의
덕을 잃은 지 오래다.

◆ 무슨 일이든 균형 있게

공자는 '중용의 덕'을 최상의 덕이라고 말했다. 용기를 예로 생각해 보자. 용기가 지나치게 앞서서 만용을 부리면 목숨을 잃게 될지도 모르고, 너무 없으면 겁쟁이라는 비난을 면치 못한다. 다정함도 마찬가지다. 너무 지나치면 무른 사람이 되고 부족하면 자기밖에 모르는 이기적인 사람이 된다.

◆ 자기 안의 중용을 확인한다

그 딱 알맞은 지점을 찾기란 의외로 어렵다. 다만 앞에서도 언급했듯이, 나이가 들고 경험이 풍부해지면 '나는 이 정도가 딱 좋아' 하는 지점을 경험적으로 알 수 있게 된다. 주량이라면 이 정도, 수면 시간은 이 정도, 운동량은 이 정도, 배우자나 아이들에게 불만을 말하는 건 이 정도…. 이런 식으로 다양한 상황에서 자기 안의 중용을 찾아가는 것이 좋다.

◆ 적절히 움직여 장수를 꾀한다

특히 중장년이 되면 건강에 관한 걱정이 늘어난다. 에도시대의 학자 가이바라 에키켄이 《양생훈》이란 저서에서 중용을 기반으로 하는 건강법에 대해 강조했으니 참고로 알아두자.

'양생(병에 걸리지 않도록 건강 관리를 잘하여 오래 살기를 꾀함-역주)을 잘하는 사람은 항상 기운을 아껴 줄어들지 않게 한다. 조용히 기력을 유지하고, 움직여서 기력을 활용한다. 유지하고 활용하는 이 두 가지가 갖춰지지 않으면 기를 기르기 어렵다. 운동과 정지의 균형을 잃지 않는 것이 기를 기르는 방법이다.'

은퇴 후의 생활은 아무래도 운동 부족이 되기 쉬운데, 그렇다고 해서 젊었을 때 같은 체력도 없다. 그래서 자신에게 딱 좋은 운동 정도를 찾아내어, 그때그때 움직였다가 휴식을 취하는 일을 반복하는 게 중요하다. 그것이 기를 길러 장수하는 비결이다.

{48}

죽기 전에 무언가를
남기겠다는 마음

君子疾沒世而名不稱焉
군 자 질 몰 세 이 명 불 칭 언

군자는 죽은 뒤에 자신의 이름이 일컬어지지 않을까 염려
한다.

◆ 후세에 이름을 남기겠다는 마음가짐

'호랑이는 죽어서 가죽을 남기고 사람은 죽어서 이름을 남긴다'는 말이 있다. 공자가 말하고자 하는 바도 이와 같다. 자신이 한 일이 죽은 후에도 어떠한 형태로든 남아 있음을 항상 유념하는 마음가짐이 중요하다. 이는 살아 있는 동안에 지위와 명성을 추구하는 것과는 약간 다르며, 개인의 행복보다 훨씬 더 큰 가치를 향해 열려 있는 감각이다.

◆ 무명이라도 프로젝트의 일원으로서 긍지를 지닌다

오늘날의 시대에는 '이름을 남긴다'는 말을 들어도 그다지 와닿지 않을지 모른다. 하지만 이름을 남긴다는 건 문자 그 이상의 의미를 지닌다. NHK에서 방영해 인기를 끌었던 〈프로젝트 X〉 같은 다큐멘터리를 예로 들 수 있다. 이 프로그램에서는 국가나 기업의 이름으로 완수된 대대적인 프로젝트와 그 프로젝트에 관여한 수많은 무명의 사람들을 소개한 바 있다. 한 사람 한 사람의 이름은 남지 않을지도 모르지만, 그들은 프로젝트의 일원으로서 긍지를 지니고 일했을 것이다. 이 또한 후세에 이름을 남기는 일이다.

◆ 죽은 후의 일까지 생각하는 넓은 시야로 살아간다

또 한 가지 예를 들면, 구로사와 아키라 감독이 영화 〈살다〉에서 그린 세계도 그러하다. 시청에 근무하는 주인공이 위암에 걸려 시한부를 선고받고 인생의 의미를 잃고 만다. 그는 직장을 무단결근하고 밤거리를 방황하며 쾌락에 몸을 맡기기도 하지만 허무함만 더욱 심해질 뿐이었다. 그러던 중 시청을 그만두고 완구 공장으로 이직한 옛 부하직원을 우연히 마주친다. 그녀는 자신이 만든 장난감을 보여 주면서 '과장님도 뭔가 만들어 보면 어떠시냐'고 말한다. 이 일이 계기가 되어 시청으로 복귀한 그는 주민들이 원했던 공원을 만들기로 마음먹고, 반대하는 상사를 끈질기게 설득해 공원을 완성시킨다. 그리곤 공원의 그네에 앉아 흔들거리는 채로 숨을 거둔다.

모든 일에는 크든 작든 세상을 위하고 인류를 위해 이바지하는 부분이 있다. 영화의 주인공처럼, 죽기 전에 무언가를 남기겠다는 마음가짐으로 살아간다면 어떨까. 인생의 후반에 접어들었다면, 슬슬 자신이 죽은 후의 일까지 생각할 정도로 시야를 넓혀야 할 것이다.

머리로만 알지 말고
매일 실천할 것

양화편 6장

孔子曰 能行五者於天下 爲仁矣
공자왈 능행오자어천하 위인의

請問之曰 恭寬信敏惠 恭則不侮
청문지왈 공관신민혜 공즉불모

寬則得衆 信則人任焉 敏則有功
관즉득중 신즉인임언 민즉유공

惠則足以使人
혜즉족이사인

공자가 말했다. "다섯 가지 덕을 세상에서 실행할 수 있다면 그것이 곧 인仁이다."

장자가 이 다섯 가지가 무엇인지를 묻자 공자는 이렇게 대답했다. "공경恭, 관용寬, 신뢰信, 기민敏, 베풂惠이다. 공손하면 사람들이 함부로 대하지 않고 너그러우면 많은 사람의 마음을 얻을 수 있다. 믿음이 있으면 사람들이 신뢰하고, 민첩하면 공을 세우게 되고, 가진 것을 베풀면 충분히 사람을 부릴 수 있다."

◆ 인을 이루는 다섯 가지 덕을 실천한다

《논어》에서는 제자들이 인이 무엇인지를 묻는 장면이 많이 나온다. 〈술이편 29장〉에는 이런 말이 있다. '인원호재 아욕인 사인지의仁遠乎哉 我欲仁 斯仁至矣.' '인이 멀리 있는가? 내가 바라고 행하면 곧 인에 이를 것이다'라는 뜻으로 자신이 '인'인지 아닌지를 의식해 행동하는 것이 중요하다고 강조하고 있다.

공자는 '인'이란 머리로만 알고 있어서는 안 되며 행동에 반영되어야 한다고 일관되게 주장했는데, 여기서는 공경, 관용, 신뢰, 기민, 베풂의 다섯 가지 덕을 실천하면 곧 인이라고 표현하고 있다.

◆ 다섯 가지 덕의 레이더 차트를 만든다

공경, 관용, 신뢰, 기민, 베풂의 각 단어를 오각형의 정점에 둔 레이더 차트를 만들어 보자. 다섯 항목의 덕에 관한 자신의 습득 정도를 10점 만점이나 100점 만점으로 평가해 보고 그래프로 그려 보면 흥미로울 것이다. 이 비뚤어진 오각형을 수정하면서 점점 더 커지도록 매일 노력하면, 자신이 얼마나 인에 가까워졌는지를 확인할 수 있다.

{50}

군자다움을 위해 생각해야 할 아홉 가지

계씨편 10장

君子有九思 視思明 聽思聰 色思溫
군 자 유 구 사 시 사 명 청 사 총 색 사 온

貌思恭 言思忠 事思敬 疑思問
모 사 공 언 사 충 사 사 경 의 사 문

忿思難 見得思義
분 사 난 견 득 사 의

군자에게는 생각해야 할 아홉 가지가 있다. 볼 때는 정확하게 보고 들을 때는 빠짐없이 듣는다. 얼굴빛은 온화하게 하며 태도는 공손히 해야 한다. 말을 할 때는 진실되게 하고 일에 임할 때는 책임감 있게 한다. 의문이 드는 때는 물어봐서 의문을 남기지 않는다. 화가 날 때는 이후 어려운 일이 생기지 않도록 해야 하며, 눈앞에 이득을 두고는 공정한 도의를 생각해야 한다.

◆ 군자는 의식의 산물

공자는 상황과 감정에 따라 아홉 가지 핵심을 지적해 이야기하고 있다. 이때 중요한 것은 '생각한다'는 표현이다. 이는 '유념하다' 또는 '의식해야 한다'는 뜻으로, 결국 아홉 가지 핵심 강령을 한 가지 한 가지 의식해 실천하고 습관으로 삼는 사람이 군자라는 말이다. 그런 의미에서 군자는 의식의 산물이라는 시각으로도 볼 수 있다.

다만 모든 것을 한꺼번에 실천하기는 어려울 것이다. 이럴 때는 '오늘은 이것을 의식하자', '이번 달에는 이거!', '올해는 이것만!' 하는 식으로 목표를 한두 가지로 좁히고 기간을 정해 의식하면 조금 더 수월하게 도전하고 이룰 수 있다.

개인적으로 생각했을 때, 아홉 가지 중에서 중장년층이 가장 우선해야 할 사항은 대도가 아닐까 한다. 언제나 공손한 표정을 유지하고 부드러운 말씨로 사람들을 대하면, 틀림없이 주위 사람들에게 사랑받는 군자가 될 수 있을 것이다. 군자다움을 목표로 삼고 이들 아홉 가지를 의식해 인생 후반의 날들을 넉넉한 마음으로 지내 보자.

인생을 더욱 풍요롭게 하는《논어》의 말 50

    지금까지《논어》에 있는 수많은 말 중에서, '인생 후반기를 어떻게 살아야 할 것인가'에 맞춰 50개의 구절을 골라 해설했다. 하지만 그밖에도 좋은 말이 무척 많기 때문에, 60대인 독자들에게 도움이 되는 구절 50개를 상황별로 소개하도록 하겠다.

{51}

학이편 1장

學而時習之 不亦說乎
학 이 시 습 지 불 역 열 호

有朋自遠方來 不亦樂乎
유 붕 자 원 방 래 불 역 락 호

人不知而不慍 不亦君子乎
인 부 지 이 불 온 불 역 군 자 호

배우고 제때 익히니 또한 기쁘지 아니한가. 친구가 있어 멀리서 찾아오니 또한 기쁘지 아니한가. 세상 사람들이 알아주지 않아도 화를 내거나 원망하지 않으니, 또한 군자답지 아니한가.

한마디 세상이 계속 바뀌고 있으니 배워야 할 것도 끝이 없다. 교양을 쌓는 일부터 최근 이슈가 되고 있는 기술이나 기기까지, 배우기를 기쁨으로 하면 한가함을 느낄 일이 없다.

知之者不如好之者 好之者不如樂之者
지 지 자 불 여 호 지 자 호 지 자 불 여 락 지 자

아는 사람은 좋아하는 사람에 미치지 못하고, 좋아하는 사람은 즐기는 사람에 미치지 못한다.

한마디 취미든 일이든 지금보다 조금 더 어려운 것에 도전하자. 분명 즐길 수 있는 수준에 도달할 수 있을 것이다.

君子上達 小人下達
군 자 상 달   소 인 하 달

군자는 위를 향해 나아가나, 소인은 아래를 향해 나아간다.

한마디 군자는 학문과 도를 추구해 나날이 인격이 고상해지지
만, 소인은 재물과 수명에만 마음을 두고 사욕에 통달한
다. 죽을 때까지 향상심을 잃지 않도록 하자. 그것이야말
로 군자가 살아가는 삶의 축이다.

力不足者 中道而廢 今女畫
역 부 족 자 중 도 이 폐 금 여 획

정말로 능력이 부족한 자는 중도에 그만두니, 지금 너는
스스로 자신의 한계를 긋고 있는 것이다.

한마디 한계를 긋는 것은 하지 않을 핑계를 대는 일이다. 어떤 일
을 할 때 '이제 나이가 많아서'라든가 '돈이 없어서', '몸이
좋지 않아서' 등의 구실을 대며, 도전하기도 전에 포기해
버리진 않는지 생각해 보자.

{55}

主忠信 毋友不如己者 過則勿憚改
주 충 신 무 우 불 여 기 자 과 즉 물 탄 개

충忠과 신信을 삶의 축으로 삼고, 자신보다 못한 자를 친구로 삼지 않으며, 잘못이 있을 때 고치는 것을 꺼리지 않는다.

한마디 공자는 배움의 자세를 중시했다. 사람을 만날 때도 그 사람에게서 무엇을 배울 수 있을 것인가를 함께 생각했다. 그런 의미에서 자신보다 못한 자를 친구로 삼지 말라는 것은 배울 점이 하나도 없는 관계는 무익하다는 말로 이해할 수 있다. 끊임없이 배우면 지루할 틈이 없다. 진실되고 믿음을 주는 친구를 옆에 두면, 단조로운 일상에 좋은 자극제가 된다.

不曰如之何如之何者 吾末如之何也已矣
불 왈 여 지 하 여 지 하 자 오 말 여 지 하 야 이 의

'이를 어찌할까, 어찌하면 좋을까?' 하고 깊이 생각해 묻지 않는 자는, 나도 어찌할 도리가 없다.

> **한마디** 어떤 일을 할 때 '뭐, 이만하면 됐지' 하는 지점은 없으며, 방법을 찾아 심사숙고할수록 더 나은 결과를 얻을 수 있다. 마찬가지로 무의미하게 지나가는 하루를 의미 있게 바꾸고 싶다면, 어떤 식으로 변화를 꾀해야 좋을지 진정성 있게 생각해 보는 게 우선이다.

小子何莫學夫詩 詩可以興
소 자 하 막 학 부 시 시 가 이 흥

可以觀 可以羣
가 이 관 가 이 군

可以怨 邇之事父 遠之事君
가 이 원 이 지 사 부 원 지 사 군

多識於鳥獸草木之名
다 식 어 조 수 초 목 지 명

너희들은 어찌하여 '시'를 배우지 않는가. 시는 감흥을 높이고 사물을 보는 안목을 길러준다. 사람들과 어우러져 살아갈 수 있도록 해 주며 원망스러운 일이 있어도 분노하지 않고 해결하게끔 한다. 가까이는 어버이를 섬기고 멀리는 군주를 섬기는 데 도움이 되며, 또한 새와 짐승, 풀과 나무의 이름을 많이 알게 된다.

한마디 지금부터라도 늦지 않다. 공자가 말하는 '시'에 해당하는, 인생의 기본 교과서를 갖추도록 하자.

{58}

吾有知乎哉 無知也
오 유 지 호 재 무 지 야

有鄙夫問於我 空空如也
유 비 부 문 어 아 공 공 여 야

我叩其兩端而竭焉
아 고 기 양 단 이 갈 언

내가 아는 것이 있는가? 그렇지 않다. 다만 무지한 사람이 내게 와서 묻는다면, 그 질문의 처음과 끝을 따져 성심을 다해 가르칠 뿐이다.

한마디 공자 정도 되는 인물이 자신은 아는 것이 없다고 말하고 있다. 그 의미를 곰곰이 곱씹어 볼 일이다.

學而不思則罔 思而不學則殆
학 이 불 사 즉 망 사 이 불 학 즉 태

배우기만 하고 생각하지 않으면 얻는 게 없고, 생각하기만 하고 배우지 않으면 위험하다.

한마디 외부로부터 지식과 정보를 아무리 많이 습득해도 스스로 생각하지 않으면 진정으로 사물의 이치를 깨달을 수 없다. 반대로 혼자서 생각하기만 하고 배우지 않으면 독단적인 편견에 사로잡힐 위험이 있다. 그리고 배우는 일과 생각하는 일을 모두 게을리하면 머리가 점점 굳는다.

{60}

{60}

丘也幸 苟有過 人必知之
구 야 행 구 유 과 인 필 지 지

나는 행복한 사람이다. 내가 잘못을 저질러도 누군가가 이를 발견하고 알려주니까.

한마디 잘못을 지적받고 화를 낸다면 소인이다. 그릇이 작다고 여겨질 것이고, 이런 일이 반복된다면 자신도 발전할 수 없다.

溫故而知新 可以爲師矣
온 고 이 지 신 가 이 위 사 의

옛것을 익히고 이를 통해 새로운 것을 배우는 사람은 스
승이 될 자격이 있다.

> **한마디** 배움은 단순히 옛것을 익히는 데 그치지 않는다. 익힌 것
> 들을 토대로 응용하고 발전시켜서 새로운 지식을 창조해
> 나갈 때, 비로소 무한한 배움이 가능하다. 60세가 넘어서
> 면 자기가 아는 것만을 고집하고 그게 전부인 양 착각하
> 는 경우가 많은데, 공자는 그런 이들에겐 스승의 자격이
> 없다고 했다.

學如不及 猶恐失之
학 여 불 급 유 공 실 지

배울 때는 이르지 못한 것처럼 하고, 배운 것은 잃지 않을
지 두려워해야 한다.

한마디 배움은 끝없이 추구해야 하며 배운 것을 잊지는 않았는
지 두려워하는 마음가짐으로 계속 되새겨야 한다. 애써
배웠어도 계속 잊어버리기 때문이다.

知之爲知之 不知爲不知是知也
지 지 위 지 지   부 지 위 부 지 시 지 야

아는 것은 안다고 말하고 모르는 것은 모른다고 말해야,
진정 아는 것이다.

> **한마디** 알고 있는 것과 모르는 것 사이에 명확한 경계선을 그을
> 수 있어야, 정말 '알고 있다'고 말할 수 있다. 아무리 나이
> 가 들어도 우리는 여전히 모르는 게 많음을 기억하자.

加我數年 五十以學易 可以無大過矣
가 아 수 년 오 십 이 학 역 가 이 무 대 과 의

내게 몇 해의 시간이 주어져서 마침내 주역을 다 배울 수
있다면, 큰 과오 없이 지낼 수 있을 것이다.

한마디 공자는 늦은 나이에 《주역》을 공부하기 시작했고, 이 때
문에 시간이 부족함을 아쉬워했다고 한다. 다 아는 것 같
아도 때로 처음부터 다시 배워야 할 때가 분명 있다. 배움
은 평생이다.

子貢方人 子曰 賜也 賢乎哉 夫我則不暇
자 공 방 인 자 왈 사 야 현 호 재 부 아 즉 불 가

자공이 다른 사람들을 두고 비교하며 평가하자 공자가 말했다. "사는 정말로 똑똑한 모양이다. 나는 그런 겨를이 없구나."

한마디 이는 공자가 강력하게 비꼬는 말이다. 남의 험담을 하는 건 재미있을지 몰라도 자신의 인품을 깎아내리는 일이다.

{66}

蓋有不知而作之者 我無是也 多聞
개 유 부 지 이 작 지 자 아 무 시 야 다 문

擇其善者而從之 多見而識之 知之次也
택 기 선 자 이 종 지 다 견 이 식 지 지 지 차 야

잘 알지도 못하면서 함부로 행동하는 자가 있는데, 나는
그런 일은 하지 않는다. 많이 듣고 그 가운데서 좋은 것을
골라 따르고 많이 보고 기억하는 것은, 우리가 할 수 있는
차선의 지혜다.

한마디 앞서 계씨편 9장에서 '태어나면서 아는 사람이 최상이며
그다음은 배워서 이해하는 사람이다'라고 했다. 같은 맥
락에서 두 번째 등급의 좋은 방법은 '많이 듣고 보고 기억
하는 배움'이며, 이는 우리가 실천할 수 있는 일이다.

如有周公之才之美 使驕且吝
여 유 주 공 지 재 지 미 사 교 차 린

其餘不足觀也已
기 여 부 족 관 야 이

만약 주공과 같이 뛰어난 재능을 갖고 있는 사람이라고
해도 그 사람이 교만하고 인색하다면, 그 나머지는 볼 것
도 없다.

한마디 능력을 인정받고 높은 지위를 얻게 되면 사람은 자만심
의 덫에 걸리기 쉽다. 60대야말로 이 말을 가슴에 새겨
둬야 한다.

{68}

富而可求也 雖執鞭之士 吾亦爲之
부 이 가 구 야 수 집 편 지 사 오 역 위 지

如不可求 從吾所好
여 불 가 구 종 오 소 호

만약 부를 추구한다고 해서 될 수 있는 것이라면, 말채찍을 잡는 자의 일이라도 하겠다. 그러나 구하여 될 수 없다면, 내가 좋아하는 길을 나아가겠다.

한마디 부는 본래 하늘의 뜻으로 얻어지는 것이지, 추구한다고 해서 이룰 수 있는 것이 아니다. 추구해도 얻을 수 없는 부에 휘둘리는 건 시시한 일이다.

有顔回者 好學 不遷怒 不貳過
유 안 회 자 호 학 불 천 노 불 이 과

안회라는 제자가 배움을 좋아하여, 화가 나도 남에게 화풀이하는 일이 없었으며 같은 잘못을 두 번 저지르지 않았다.

한마디 제자 중에서 누가 제일 배움을 좋아하는지 물었을 때, 공자가 한 대답이다. 나이가 들었는데도 툭하면 얼굴을 붉히고 화를 내서야 되겠는가. 학문으로 인격을 갖추어야 한다.

人之生也直 罔之生也幸而免
인 지 생 야 직　망 지 생 야 행 이 면

사람이 살아가는 데는 정직함이 중요하니, 정직하지 않으
면서 사는 것은 운 좋게 화를 면한 것뿐이다.

한마디 사람이 살아가는 이치는 정직이므로, 당장은 거짓으로
이익을 볼지 모르나 시간이 흐르면 그로 인한 화가 언젠
가 돌아온다는 의미를 담고 있다. 한편으로 정직을 버린
삶은 살아 있다고 말할 수 없는 삶이라는 뜻이기도 하다.
때로 우리가 겪는 고민이나 문제는 거짓말에서 초래된
다. 그럴 땐 순수한 자신으로 돌아가 솔직한 태도로 문제
를 들여다보자.

君子求諸己 小人求諸人
군 자 구 저 기　소 인 구 저 인

군자는 자신을 탓하고 소인은 남을 탓한다.

한마디 군자는 어떤 일이 있어도 그 책임과 원인을 자신에게서
찾는다. 자신에게서 원인을 찾지 않으면, 결코 문제를 해
결할 수 없다.

小人之過也必文
소 인 지 과 야 필 문

소인은 잘못을 저지르면 그럴싸하게 둘러댄다.

한마디 잘못을 저질렀다면 이를 깨닫고 솔직한 태도로 대처해야 한다. 그럴싸하게 꾸며서 순간을 모면하려는 태도는 마음을 불편하게 만들고, 이는 더 큰 거짓말을 불러오기 쉽다. 실제로 대부분의 문제가 커지는 원인은 잘못을 회피하거나 은폐하려는 데 있다.

人無遠慮 必有近憂
인 무 원 려 필 유 근 우

사람이 멀리까지 내다보지 못하면 분명 가까이에 근심거리가 생겨난다.

> **한마디** 시야를 넓혀서 멀리까지 내다보게 되면, 큰 목표를 세울 수 있다. 이런 큰 목표는 작은 물살에 휘둘리지 않고 평정을 유지할 수 있는 삶의 주춧돌이 되어 준다. 또한 큰 목표를 이루기 위해 무엇을 해야 할지 미리미리 대책을 마련하면 걱정거리를 줄일 수 있다.

巧言亂德 小不忍 則亂大謀
교 언 난 덕 소 불 인 즉 난 대 모

교묘하게 꾸민 말은 덕을 어지럽히고, 작은 일을 참지 못
하면 큰일을 그르친다.

한마디 남이 하는 말에 일일이 반응하면 우왕좌왕 곤란한 처지
에 빠진다. 마음을 가다듬고 침착하게 일에 임하자.

不在其位 不謀其政
부 재 기 위   불 모 기 정

그 지위에 있는 게 아니라면 그 일에 관해서 논하지 말아
야 한다.

한마디 누군가 결정한 일에 이러쿵 저러쿵 말을 얹기는 쉽지만,
사실 그 입장에 있어 보지 않고는 절대 알 수 없는 일들이
있기 마련이다. 60대가 되면 나이를 무기로 말을 얹기가
쉬운데, 은퇴하고 나면 젊은 세대에게 맡겨야 할 일은 맡
기는 것이 좋다. 나이 들어 쓸데없는 참견만 하다가는 '꼰
대'라고 불릴지도 모른다.

知者不惑 仁者不憂 勇者不懼
지 자 불 혹 　 인 자 불 우 　 용 자 불 구

지혜로운 자는 미혹되지 않고, 인격을 갖춘 자는 걱정하지 않으며, 용기 있는 자는 두려워하지 않는다.

한마디 군자가 지녀야 할 세 가지 덕목을 일컫는 말이다. 지知, 인仁, 용勇을 기억하고 목표로 삼자.

内省不疚 夫何憂何懼
내 성 불 구 부 하 우 하 구

되돌아봤을 때 조금도 거리낄 게 없다면 근심하고 걱정할
일은 아무것도 없다.

> **한마디** 마음에 켕기는 일이 있으니까 남들이 알아차리면 어쩌나
> 혹은 남들이 뭐라고 하면 어쩌나 하고 걱정하는 것이다.
> 그 점을 스스로 자문해 보자.

君子貞而不諒
군 자 정 이 불 량

군자는 정도를 따르며 작은 신의에 얽매이지 않는다.

> **한마디** 도리를 지키려는 고집은 있어도 좋지만 작은 신의에 얽매여 분별없이 행동하지 않는다. 사소한 일에는 좀 더 느긋하게 대처하자.

{79}

放於利而行 多怨
방 어 리 이 행   다 원

이익만 좇아 행동하면 원망을 사는 일이 많아진다.

> **한마디** 나이가 들면 아무래도 새로운 사람을 만나는 일이 적어
> 지고 그동안 알아 온 사람을 중심으로 인간관계가 형성
> 된다. 오랫동안 유지된 관계의 특징은 서로의 장단점을
> 어느 정도 알기 때문에, 대부분의 문제는 '그러려니' 하고
> 넘어간다는 것이다. 그러니 그런 관계에서 문제가 발생
> 한다면 이는 대개 서운함에서 비롯된 것이다. 순간의 이
> 익에 눈이 멀어 판단력을 잃고 행동한 것은 아닌지 돌아
> 보도록 하자.

舉直錯諸枉 能使枉者直
거 직 조 저 왕 능 사 왕 자 직

정직한 사람을 뽑아 윗자리에 두면 마음이 비뚤어진 자도 곧게 된다.

한마디 어떤 리더가 이끄는지에 따라 조직이나 그룹의 분위기가 달라진다. 마찬가지로 젊은 세대의 능력을 살리거나 죽이는 것은 연장자들이 하기 나름이다.

君子和而不同 小人同而不和
군 자 화 이 부 동 소 인 동 이 불 화

군자는 다른 사람과 화합하나 무리를 지어 휩쓸리지 않는
다. 반면에 소인은 무리를 지어 휩쓸리며 화합하지 못한다.

한마디 내가 주변에 두고 있는 사람들이 자신의 이익을 좇아 무
리를 짓는 이들은 아닌지 곰곰히 생각해 보자.

君子而不仁者有矣夫 未有小人而仁者也
군 자 이 불 인 자 유 의 부 미 유 소 인 이 인 자 야

군자이면서도 인덕을 갖추지 못한 사람은 있어도 소인이

면서 인덕을 갖춘 사람은 없다.

한마디 군자는 인의예지를 목표로 끊임없이 배우고 노력하는 사
람이다. 당장은 그 덕에 부족함이 있을 수 있으나 자신의
부족함을 인정하고 실수를 바로잡으려 한다. 그런 면에서
보자면, 배려심이 없는 사람은 어차피 소인이다.

{83}

君子敬而無失 與人恭而有禮 四海之內
군 자 경 이 무 실 여 인 공 이 유 례 사 해 지 내

皆兄弟也 君子何患乎無兄弟也
개 형 제 야 군 자 하 환 호 무 형 제 야

군자는 겸손하고 실수가 없으며 다른 사람에게 정중히 예
의를 갖춰 대한다. 그렇게 하면 세상 사람들이 모두 형제
가 될 터이니 어찌 형제 없음을 걱정하겠는가?

한마디 예의는 인간관계에서 지켜야 할 최소한의 규칙이다. 사
람을 상처입히거나 남에게 원망을 사지 않도록 하기 위
한 예방약이라 할 수 있다.

德不孤 必有鄰
덕 불 고　필 유 린

덕은 외롭지 않으며 반드시 이웃이 있다.

한마디 여기에는 두 가지 의미가 담겨 있다. 첫째, '덕德'에는 여러 가지가 있지만 각각이 고립되어 있지 않다. 그러므로 한 가지를 몸에 익히면 반드시 이웃해 있는 덕도 따라오기 마련이다. 둘째, 덕이 있는 사람은 고립되지 않고 사람을 모이게 한다. 그 결과 덕이 있는 사람과 사귀면 자신의 덕도 연마된다.

益者三友 損者三友 友直 友諒 友多聞
익 자 삼 우 손 자 삼 우 우 직 우 량 우 다 문

益矣 友便辟 友善柔 友便佞 損矣
익 의 우 편 벽 우 선 유 우 편 녕 손 의

유익한 벗에 세 종류가 있고 해로운 벗에 세 종류가 있다.
인간성이 올곧은 정직한 벗, 성실한 벗, 지식이 있고 견문
이 넓은 벗은 유익하다. 반면에, 올곧지 못하고 추종하는
벗, 속과 겉이 다르고 불성실한 벗, 말만 앞세우는 벗은 해
롭다.

한마디 60대는 어떤 친구를 옆에 두는가가 내 삶의 질을 결정할
정도로 큰 영향력을 지닌다. 유한한 인생인 만큼 특히 친
구는 골라 사귀자.

{86}

君子有三畏 畏天命 畏大人 畏聖人之言
군 자 유 삼 외 외 천 명 외 대 인 외 성 인 지 언

小人不知天命而不畏也 狎大人 侮聖人之言
소 인 부 지 천 명 이 불 외 야 압 대 인 모 성 인 지 언

군자에게는 두려운 것이 세 가지 있다. 천명을 두려워하고 대인을 두려워하고 성인의 말씀을 두려워한다. 소인은 천명을 알지 못하니 이를 두려워하지 않고 대인을 함부로 대하며 성인의 말씀을 경시한다.

한마디 대인은 지위와 연륜과 덕이 있는 사람을 말한다. 그리고 소인일수록 그런 대인을 알아보지 못하고 가벼이 대한다.

◆군자처럼 세상을 살피고자 할 때 ◆

{87}

羣居終日 言不及義 好行小慧 難矣哉
군 거 종 일 언 불 급 의 호 행 소 혜 난 의 재

하루 종일 무리지어 잡담하면서 이야기가 도의에 이르지 못하고 하찮은 꾀나 내려 한다면, 군자가 되기 어렵다.

> **한마디** 60대는 은퇴한 이가 많고 현직에 있더라도 시간 조절이 자유로워 여유있는 모임이 가능하다. 그런데 많은 경우, 시시한 잡담만 떠들다 끝나 버린다. 사람이 모인 자리에는 말도 모인다. 조금 더 유의미한 만남을 이끌어 보도록 하자.

性相近也 習相遠也
성 상 근 야　습 상 원 야

사람은 태어날 때는 서로 비슷하나, 배우는 것에 따라 차이가 벌어진다.

한마디 태어날 때는 모두 선하게 태어나지만, 외부적인 환경에 따라 다른 습성이 생기는 것이다. 세상 돌아가는 일이 나와 아무 상관 없다 여기지 말고, 선한 세상을 만드는 데에 관심을 가지도록 하자.

女爲君子儒 無爲小人儒
여 위 군 자 유 무 위 소 인 유

너는 군자다운 학자가 되어야지, 소인다운 학자가 되어선
안 된다.

한마디 군자다운 학자란 자신의 인격을 연마하는 사람이며, 소
인다운 학자란 지식을 자랑하면서 유명해지려고 하는 사
람이다. 유명해지는 것보다 인격을 갈고닦는 일이 중요
하다.

士而懷居 不足以爲士矣
사 이 회 거 　부 족 이 위 사 의

선비가 생활의 안락함만을 추구한다면, 선비라고 할 수 없다.

한마디 나이가 들면서 욕심이 깊어진다면 그다지 보기 좋은 일
은 아니다.

已矣乎 吾未見好德如好色者也
이 의 호 오 미 견 호 덕 여 호 색 자 야

안타깝구나! 나는 여색을 좋아하듯 덕을 좋아하는 사람을 만난 적이 없다.

한마디 젊었을 때라면 이성으로 향하는 열정도 중요하지만, 이제 그러한 열정은 덕을 수양하는 데로 돌리는 것이 좋다.

巧言令色 鮮矣仁
교 언 영 색 선 의 인

말을 번지르르하게 하고 얼굴빛을 거짓으로 꾸미는 사람 중에는 인仁을 갖춘 자가 거의 없다.

한마디 나이가 들수록 내면으로 승부해야 한다. 또한 말만 앞서고 행동이 따르지 않는 사람을 경계해야 한다.

論篤是與 君子者乎 色莊者乎
논 독 시 여   군 자 자 호   색 장 자 호

언변이 좋다는 이유만으로 높이 평가한다면, 그 사람이 군
자인지 겉만 번지르르한 사람인지 알 수 없다.

한마디 실천이 따르지 않으면 훌륭한 인물이라고 할 수 없다. 60
대가 됐을 때 가장 경계해야 할 것 중 하나가 바로 말만
많아지는 것이다. 특히 사회적 지위가 높았거나 아직 높
다면 더욱 그러하다.

其身正 不令而行 其身不正 雖令不從
기 신 정 불 령 이 행 기 신 부 정 수 령 부 종

다스리는 자가 올바르면 명령하지 않아도 자연히 따르고,

다스리는 자가 올바르지 않으면 명령해도 따르지 않는다.

한마디 아무 말 하지 않아도 사람들이 따르는, 그런 인물이 되기
를 추구하자.

{95}

苟志於仁矣 無惡也
구 지 어 인 의 무 악 야

진심으로 인仁에 뜻을 세우는 자는 결코 나쁜 일을 행하지
않는다.

한마디 덕을 쌓기 위해 노력하는 사람은 사람들이 싫어하는 행
동을 가급적 피하게 된다.

君子泰而不驕 小人驕而不泰
군 자 태 이 불 교　소 인 교 이 불 태

군자는 태연하지만 교만하지 않다. 반대로 소인은 교만하고 태연하지 못하다.

한마디 무슨 일이 있어도 침착하고 교만하지 않은 사람은 주위 사람들이 존경하고 따르기 마련이다. 특히나 60대는 어디를 가도 연장자인 경우가 많으므로, 이런 태도를 반드시 갖춰야 한다.

君子喩於義 小人喩於利
군 자 유 어 의   소 인 유 어 리

군자는 의義를 추구하고 소인은 이해득실을 따진다.

한마디 나이가 들어갈수록 자신의 이익보다는 도의를 중요하게
여겨야 한다.

{98}

君子欲訥於言 而敏於行
군 자 욕 눌 어 언 이 민 어 행

군자는 말은 더디 하고 행동은 민첩하게 한다.

한마디 이런저런 이유를 달지 않고 해야 할 일을 묵묵히 실행한다는 '불언실행不言實行'과도 통하는 말이다.

책속부록 인생을 더욱 풍요롭게 하는 《논어》의 말 50　　235

{99}

見利思義 見危授命 久要不忘平生之言
견 리 사 의 견 위 수 명 구 요 불 망 평 생 지 언

亦可以爲成人矣
역 가 이 위 성 인 의

이익이 눈앞에 있어도 도의를 최우선으로 생각하고, 위기에 처했을 때 한목숨 바치며, 옛 약속을 잊지 않고 지킨다면, 이를 성인成人이라 할 수 있다.

한마디 이러한 자질에 더해서 폭넓은 교양을 갖추면 훌륭한 인물, 즉 군자로서 존경받을 것이다.

克己復禮爲仁 一日克己復禮 天下歸仁焉
극 기 복 례 위 인 일 일 극 기 복 례 천 하 귀 인 언

爲仁由己 而由人乎哉 (중략)
위 인 유 기 이 유 인 호 재

非禮勿視 非禮勿聽 非禮勿言 非禮勿動
비 례 물 시 비 례 물 청 비 례 물 언 비 례 물 동

자신의 사욕을 이기고 예禮로 돌아가는 것이 바로 인仁이니, 하루라도 그것을 실천할 수 있으면 세상이 인에 눈 뜰 것이다. 인을 실천하느냐는 자신에게 달린 일이며, 타인에게 의지해서 할 수 있는 일이 아니다. (중략) 예가 아니면 보지도 말고 듣지도 말고 말하지도 말고 행하지도 말아라.

한마디 한 사람 한 사람의 마음가짐이 모여 바른 사회를 이룬다. 차세대를 위해서도 우선 자신이 솔선해서 인을 실천해보자.

저자 후기
어떻게 《논어》를 읽을 것인가

60대이기에 유효한 《논어》가 있다. 그렇게 생각하고 《논어》 가운데서 글귀를 골랐다. 60대의 《논어》를 읽는 방법은 다양하겠지만, 나는 '군자를 목표로 한다'는 기준을 세웠다. 공자가 말하는 군자다움에 다가가려는 것은 《논어》를 읽는 방법으로써 왕도라고 할 수 있을 것이다.

공자는 질서가 무너지고 혼란스러운 춘추전국시대에 예와 질서를 정치의 이상으로 내걸고 백성을 인덕으로 다스리는 덕치정치를 주장했다. 하지만 정치가로서의 활약은 단기간에 끝나고 14년 동안 오랜 망명과 방랑의 세월을 보냈다. 제자들 가운데 가장 아꼈던 안회와 자로가 세상을 먼저 떠나는 절망도 맛보았다.

60대인 독자들은 꼭 공자의 인생을 떠올리면서 《논어》의 글귀를 공자의 육성으로 듣고 마음에 새기길 바란다. 한 구절이라도 좌우명으로 삼고 싶은 말을 찾아낸다면, 변변찮은 전령으로서의 역할을 다했다고 하겠다.

한편, 공자는 이상을 불태우면서도 항상 현실주의자로 살았다. 제자들에게 친근하게 대하기도 했지만, 때로는 엄하게 질책을 하기도 했다. 60대인 독자라면 제자가 아닌, 공자의 입장에 자신을 대입시켜 놓고 《논어》를 읽을 수도 있을 것이다.

인생의 계절에 따라 《논어》는 모습을 바꿔 나타난다. 인생을 만족하게 살아간다는 건 어떤 것일까. 추구하는 뜻이란? 인과 덕이란? 신의는 또 무엇인가? 이러한 근원적인 물음을 제시한 것이야말로 공자의 위업이다. 그 답은 우리 한 사람 한 사람이 자신의 인생 경험에 비추어 생각해 볼 일이다. 공자는 이에 대해 생각할 수 있는 실마리를 던져 줄 뿐이다.

이 책이 60대부터 새로 시작될 남은 인생의 의미를 풍요롭게 하는 데 조금이라도 도움이 된다면 좋겠다.

사이토 다카시

60대를 위한 논어

1판 1쇄 인쇄 2023년 11월 1일
1판 1쇄 발행 2023년 11월 10일

지은이 사이토 다카시
옮긴이 김윤경

발행인 황민호
본부장 박정훈
책임편집 김순란
기획편집 강경양 김사라
마케팅 조안나 이유진 이나경
국제판권 이주은 조연희
제작 최택순

발행처 대원씨아이㈜
주소 서울특별시 용산구 한강대로15길 9-12
전화 (02)2071-2017
팩스 (02)749-2105
등록 제3-563호
등록일자 1992년 5월 11일

ISBN 979-11-7172-001-9 (04140)
      979-11-7172-000-2 (세트)